LOS SILENCIOS

escrito e dirigido por

BEATRIZ SEIGNER

LOS
BEATRIZ

APRESENTAÇÃO

Em seu livro Prática do Roteiro Cinematográfico, o premiado roteirista e diretor Jean-Claude Carrière, colaborador em vários roteiros de Luis Buñuel entre outras importantes obras da cinematografia mundial, afirma que o roteiro é um objeto efêmero e paradoxal. Como uma larva que se transforma em borboleta, a fugacidade do roteiro cinematográfico se daria por sua condição transitória, destinada a se metamorfosear, em um longo processo de mutação, para por fim, desaparecer. "Quando o filme existe, da larva resta apenas uma pele seca, de agora em diante inútil, estritamente condenada à poeira". Por isso, segundo Carrière, as latas de lixo dos estúdios cinematográficos acabam sendo o destino usual para esse tipo de texto.

Ao mesmo tempo, o autor observa que, por se tratar de uma ferramenta de trabalho, o roteiro de um filme teria um número restrito de leitores: produtores em busca de um sucesso, atores em busca de um papel, entre outras leituras funcionais do roteiro feitas pelos demais integrantes de uma equipe de realização.

Diante de tal compreensão sobre a natureza do roteiro cinematográfico, poderíamos nos perguntar qual o sentido de se publicar um texto cujo desaparecimento seria iminente e cujos leitores seriam escassos?

Podemos começar a responder essa pergunta com a ajuda de uma outra questão: uma vez que o acesso aos roteiros filmados é tão limitado, como então se formam as novas gerações de roteiristas?

O descaso histórico com esse importante documento da criação cinematográfica levou a uma lacuna gigantesca na pesquisa da arte da escrita para o cinema, reduzindo de forma cruel as opções de literatura para quem almeja formar-se roteirista, ou mesmo para quem tem curiosidade em conhecer mais sobre gênese da narrativa do filme que ama. Os famigerados manuais de roteiro que abundam as livrarias atestam tal brecha.

O fato é que existe sim um público numeroso, ávido por conhecer e estudar o filme antes do filme, feito de palavras, texto audiovisual que evoca, em sua leitura, imagens e sons. O roteiro (em espanhol *guión*) é o eixo que articula as potencialidades da encenação, da fotografia, do som, da montagem; através do qual mobiliza-se uma criação coletiva poderosa, resultando em uma obra capaz de nos transportar para uma outra dimensão.

A publicação do roteiro de Beatriz Seigner, juntamente com o storyboard, cumpre nesse contexto uma função essencial, que é a de possibilitar a estudantes de cinema, pesquisadoras, escritoras, roteiristas, diretoras e ao público em geral o acesso aos documentos de criação imediatamente anteriores à metamorfose que gerou Los Silencios, obra artística fundamental na constituição e compreensão do imaginário latino-americano contemporâneo.

Ester Marçal Fér
Professora de roteiro no curso de Cinema e Audiovisual
da Universidade Federal da Integração Latino-Americana (UNILA)

TAKE 2
ROLL B
80
SCENE 22
PLANO 5
LOS SILENCIOS
PROD
BEATRIZ SEIGNER
CAM B
FPS 24
DIR
SOFIA OGGIONI
CAM
DATE 8/ 2/2017
INT
DAY
MOS

SOBRE A AUTORA

Beatriz Seigner é a diretora, roteirista e produtora do filme **"Los Silencios"** (Brasil, Colômbia, França) rodado na fronteira entre Brazil, Colombia e Peru, que estreou na **Quinzaine des Realizateurs do Festival de Cannes 2018**, aclamado pela Hollywood Reporter, Variety e Screen International como um dos melhores filmes no festival aquele ano, com o qual venceu o **Impact Award by Ai Weiwei** no Stockholm Film Festival, e os prêmios de **Melhor Direção e Prêmio da Crítica** no Festival de Brasilia 2018, **Melhor Roteiro e Prêmio Especial do Júri** no Festival de Lima, Peru, **Melhor Contribuição Artística de Obra Prima** no Festival Novo Cine Latino-Americando em Havana, Cuba, **Melhor Direção** no festival de Cartagena de las Indias, na Colômbia, **Premio da Cooperação Espanhola** no Festival de San Sebastian, Espanha, Prêmio CICAE, dado pela Confederação Internacional de Cinemas de Arte e Ensaio no festival Cinelatino em Toulouse, **Prêmio Especial do Júri** do festiaval de Kerala, Índia, **Prêmio de Melhor Filme** no festival de Cyprus, e **Menção Honrosa da** UNESCO no Festival International de Cinema da Índia, em Goa.

Ela também é a diretora, roteirista e produtora do longa-metragem de ficção **"Bollywood Dream – O Sonho Bollywoodiano"** a primeira co-produção realizada entre o Brasil e a Índia, que estreou nos cinemas brasileiros em 2011, tendo passado na Competição Internacional do Festival de Pusan na Coreia do Sul, entre outros mais de 20 festivais pelo mundo, e sido um dos filmes mais aclamado pelo público da Mostra Internacional de Cinema de São Paulo em 2009.

É também diretora dos curta-metragens realizados nas **Oficinas Kinoforum "Uma Menina como outras Mil"** (São Paulo Int. Short Film Festival 2001), **"Roda Real"** (São Paulo Int. Short Film Festival 2004) e **"Indias"** (2005).

ROTEIRO

Som de barco a remo, se aproximando devagar, no meio da noite.

CRÉDITOS INICIAIS

EXT. NOITE/MADRUGADA. BARCO A REMO

Um barco a remo se desloca devagar por um rio largo, na calada da noite, até chegar a uma ilha.
Amparo (42), mulher forte com traços indígenas, cabelo longo preto, Núria (11) e Fábio (9) estão sentados com suas malas na canoa, conduzida por um senhor magro, e seu filho que segura uma lanterna.
A água do rio está baixa e evapora na madrugada.

EXT. NOITE/MADRUGADA. ISLA DE LA FANTASIA/ BARRANCO DE CHEGADA

Eles chegam ao barranco da Isla de La Fantasia, onde uma senhora com uma lanterna os espera, em meio à névoa do lugar. Descem da canoa. Abuelita (70), mestiça indígena, brasileira, os recebe, emocionada. Abraça Amparo, quase chorando, quando esta sai do barco.

ABUELITA
¡Yo no creo! No creo que están vivos!

Núria e Fábio, agarrados às suas malas e mochilas olham para Abuelita estranhando-a. Nuria tem brincos e sapatos fluorescentes.

ABUELITA
Tu hijo?

Amparo faz que sim.

ABUELITA
¡Que suerte que llegaran aquí!! Que suerte!
Ben venidos! Vengam!

Ela beija e abraça Fábio e Núria ao mesmo tempo, ajudando os a subir a encosta com as malas.

EXT. NOITE/MADRUGADA. ISLA DE LA FANTASIA/CAMPINHO DE FUTEBOL

Atravessam um campinho de futebol vazio, na penumbra da madrugada, indo em direção à casa da Abuelita. Sobem as escadas de uma casa grande de palafitas, de dois andares, onde moram diversas famílias.

EXT/INT. NOITE/MADRUGADA. CASA DA ABUELITA

Entram na casa seguindo Abuelita.
MARIA, indígena de uns 50 anos, dorme numa rede e checa o horário num celular. Vê-se na penumbra os pés de várias pessoas que dormem juntas num colchão no chão.
Abuelita acende um lampião a gás na mesa.
Muitas panelas penduradas na parede refletem sua luz.
Abuelita, murmurando sozinha, pega uma chave pendurada na parede, perto à mesa da cozinha, um jogo de lençóis e duas toalhas que estão dobradas sobre a mesa e vai em direção à porta, seguida por Amparo e seus filhos.

EXT. NOITE/MADRUGADA. CASA DE AMPARO

Sobem em outra casa parcialmente construída próximo dali.Abuelita abre a porta.

INT. NOITE/MADRUGADA. CASA DE PALAFITAS

A casa é de dois andares, tem algumas janelas e uma parede fechada por plásticos.
Na sala de entrada tem uma mesinha, uma rede, um fogareiro, um

sofá velho e quase nenhuma panela na parede, onde também figura um calendário antigo, e um foto esquecida de outra família.

ABUELITA
Ellos tiveram que fugir, pero la cuidamos, como podemos.

AMPARO
Gracias tía, muchas gracias...

Abuelita deixa as chaves da porta, o lampião a gás, a troca de lençóis e toalhas lavadas com Amparo e sai da casa. Amparo fecha a porta.

INT. NOITE/MADRUGADA. CASA DE AMPARO

Núria observa Abuelita e sua lanterna se distanciando pelas frestras das paredes de madeira, que rangem.
Observa que tem frestras largas inclusive no chão da casa.
Fábio pega umas botas de couro, sujas de terra, que estão num canto, no chão.

FABIO
¡Mirá mamá, igualitas las de papá!

AMPARO
Não mexe nisso, que não é nosso!

Fabio tenta vestí-las.

FABIO (O.S.)
Quase me servem, como las de papá.

Encara a mãe.

AMPARO
Vem, me ajuda a fazer a cama.

Amparo abre o lençol que Abuelita deixou, levantando poeira do lugar ao sacudí-lo.

EXT. DIA. PRAÇA NA FRENTE DA ESCOLA

Amparo se encontra do outro lado da rua, com Fabio e Núria de cabelos molhados, penteados, de banho tomados, prontos para ir para a escola.
Muitas motos, carros e tuk tuks passam na frente deles, levantando poeira vermelha.
Assim que o fluxo diminui, eles atravessam.

INT. DIA. SALA DO DIRETOR DA ESCOLA

Amparo, Fabio e Nuria esperam, sentados, na sala do diretor da escola. Nuria, além dos brincos, usa também uma pulserinha fina, de plástico, fluorescente. Atrás deles tem uma janela larga de vidro, e ao seu lado trabalha Ana Maria, secretária escolar, sentada em sua mesa. O ventilador do lugar mal alivia o calor úmido e abafado de onde estão, em plena floresta amazônica. As paredes estão descascadas e com infiltração. Livros e pastas estão empilhados sobre armários, por toda parte.
Abre a porta, o DIRETOR DA ESCOLA, (50), entra na sala, carregando umas pastas e papéis.
Amparo e as crianças se levantam. Amparo estende para ele, automaticamente, uns papéis preenchidos, e o documentos do Fábio.
O diretor checa, de pé, próximo à porta, olhando de vez em quando para as crianças.

DIRETOR DA ESCOLA
Listo. Que buenas notas. Só precisa de uniforme. Se necessitam de refeição precisam preencher um formulário adicional, pois o governo só nos manda para 600 crianças, e no momento, com tantos desplazamentos, já temos mais de 2500 aqui.

AMPARO
No necessita.

Toca o sinal da escola.

DIRETOR DA ESCOLA
Ok. Ele já pode ir para a sala, se quiser, que a turma dele é agora.

Amparo concorda. Diretor pede para a ANA MARIA, secretária escolar.

DIRETOR DA ESCOLA
Ana Maria, leve ele para a terceira série.

Ana Maria levanta-se e leva Fábio e alguns papéis consigo.

DIRETOR DA ESCOLA
Semana que vem, sem falta, já precisa vir com o uniforme. Se não, não entra.

AMPARO
E onde compramos?

O diretor pega um papel em sua mesa para anotar um endereço.

DIRETOR DA ESCOLA
Aqui. Fala com ela, na rua aqui de trás da escola.

AMPARO
Gracias.

EXT. DIA. PRAÇA NA FRENTE DA ESCOLA / SAÍDA DA ESCOLA

Amparo e Nuria saem da escola e passam por uma praça, na frente da escola, cheia de pássaros estridentes. Os escutam e olham para cima.

Cruzam com uma VENDEDORA DE AREPAS, com seu fogareiro debaixo de um grande guardassol colorido. Amparo para por um segundo.

AMPARO
Tens recheada de queijo?

VENDEDORA
No.

AMPARO
Verdad?

A vendedora faz que sim.

AMPARO
Uma normal, então, por favor.

A Vendedora entrega para Amparo, que a divide ao meio ainda quente, esfumaçada. Come ali mesmo, observando o movimento da praça, com diversos imigrantes vendedores de churros, pássaros de brinquedos, entre outras coisas.

INT. DIA. CASA/LOJA DA COSTUREIRA

A COSTUREIRA mostra para Amparo e Nuria os uniformes, que tira de um varal alto, suspenso. Um rádio toca música evangélica. Ela tem elementos discretos religiosos em sua oficina.

AMPARO
E a quanto saem?

COSTUREIRA
90.000 pesos, señora.

AMPARO
No tiene más baratos?

COSTUREIRA
No señora... no tenemos.

AMPARO
Nem usados?

COSTUREIRA
No señora... no tenemos...

Amparo conta o dinheiro que carrega consigo, enquanto Nuria passa a mão no logotipo da escola municipal de Leticia costurado na camiseta dos uniformes. Na vitrine de vidro sob a roupa tem santinhos de papel.

AMPARO
Bem... me veja duas então...

COSTUREIRA
Que tamanho?

AMPARO
Grande, para utilizar bastante tempo.

A costureira separa as camisas.

EXT. DIA. PLACA DA DIVISA ENTRE O BRASIL E A COLOMBIA

Amparo e Nuria caminham na avenida passando pelo marco que divisa Leticia e Tabatinga, Colômbia e Brasil, onde se lê "Bem Vindos ao Brasil" de um lado e "Bem Vindos a Colômbia" do outro. Muitas motos, carretas e tuk tuks passam de um lado para o outro, levantando poeira vermelha.

EXT/INT. DIA. IGREJA DE TABATINGA

Amparo e Nuria chegam na Diocese de Tabatinga (Brasil).
Passam pela porta onde se vê um cartaz em portuguêsd izendo que ali recebem refugiados (Pastoral da Mobilidade Humana e Carcerária).
Sentam-se numa sala de espera, onde encontram-se outras pessoas.
Ouvem a história de outras pessoas que fugiram pelos conflitos da guerra, vazando, baixinho, de outra sala.
Uma FREIRA entra na sala de espera, e entrega para Amparo uma ficha para preencher.

FREIRA (em português)
Vocês já têm os documentos?

AMPARO
Que documentos?

FREIRA (em portunhol)
Tudo que comprove os conflitos de onde vêem
fotos, vídeos... os documentos de identidade....

Amparo faz que sim, e começa a pegar em sua bolsa seu celular e os documentos. Nuria olha para ela.
Amparo entrega para a Freira os documentos e aciona um vídeo no celular.

FREIRA
Claro...

INT. DIA. CONFESSIONÁRIO DA IGREJA

Uma estátua de Cristo que olha para baixo, sons de gritos de alguém que acabou de encontrar um ente querido assassinado no meio da rua.
As freiras fogem com o olhar do que está passando na tela, tendo dificuldade de assistir, por aflição.

FREIRA 2 (em portunhol)
Esta aqui era a casa de vocês?

AMPARO
O nosso restaurante... um dia apareceram uns paisás novos, pediram almoço, demos....
Não sabíamos que eram paramilitares....
depois, um vizinho nos avisou para não dar papaya,
pois iam achar que estavamos colaborando...

FREIRA
E aqui o que está escrito?
Neste papel ao lado do corpo.

Elas aproximam o celular do rosto, Freira 2 tira os óculos para ver mais de perto.

FREIRA 2 (em portunhol)
Morto por sapo. Este é o o seu marido?

Freira aponta para o celular, e continuam vendo o vídeo enquanto ouvem Amparo.

AMPARO
Não. É o Angel, filho do farmacêutico. Os paramilitares acharam que ele estava fornecendo anticoncepcionais para as muchachas dos montes. Meu marido desapareceu pouco tempo depois, num desabamento de terra provocado por uma explosão de uma petrolífera que se instalou ali ao lado. Nós ficamos esperando a indenização, mas a cada semana aparecia mais uma pessoa morta na rua...

FREIRA 2 (em portunhol)
Mas vocês estão correndo risco de vida? Alguém te persegue?

Núria faz que sim com a cabeça, apreensiva, segurando a mão da mãe, enquanto escuta sua voz negando:

AMPARO (O.S.)
No.

FREIRA 2 (em portunhol)
Porque este visto é só para quem pode provar que está sendo perseguido, e uma vez no Brasil, não pode mais voltar... se não é melhor pedir o visto pelo acordo do Mercosul, que leva mais tempo para conseguir, mas vocês podem voltar... vou encaminhar vocês para este advogado, vocês entregam o que têm, que ele vai te ajudar.

Começa a tocar os sinos da igreja.
A Freira 2 entrega para AMPARO um cartão com o endereço do advogado em Tabatinga.

AMPARO
Y... se puede confiar?

Freira 2 faz que sim com a cabeça.

FREIRA 2
Já ajudou muita gente, com casos que você não pode nem imaginar. A nosostros no interessa o passado de la persona. Solo o que podemos ajudar.

INT. DIA. SALA DO ADVOGADO

O advogado bate num sininho em sua mesa e recebe de Amparo uma CARTEIRA DE IDENTIDADE COM A FOTO de ADÃO BARQUEIRO AIRES, uns recortes de jornal sobre o acidente, e um cartão de uma petrolífera. Amparo e Núria estão sentadas na sua frente.

ADVOGADO (O.S.)
Este é o seu marido, que desapareceu?

AMPARO (O.S.)
Si.

ADVOGADO (O.S.)
Brasileiro?

AMPARO (O.S.)
Si

O advogado olha um cartão da petrolífera.

ADVOGADO
Ah, si, si - eu me lembro deste desastre! E eles acharam o corpo?

AMPARO
Ainda não. Nem dele nem da minha filha mais velha, que ele tinha ido buscar na escola, quando aconteceu o desastre.

ADVOGADO
E disseram que iam indenizar as famílias?

Amparo faz que sim.

AMPARO
Ja indenizaram algumas.

Aparece CARLA, a secretária.

CARLA
Señor?

ADVOGADO
Por favor, me pega os processos do señor Juan, que estoy atrasado.

A secretária sai.

ADVOGADO
Ok. Vou averiguar e entro em contato com vocês. Me deixa aqui o seu número. Me desculpe não ter mais tempo, mas vocês me pegaram de saída.

Amparo anota num papel.

ADVOGADO
Carla por favor, estou atrasado. Listo?

CARLA (O.S.)
Si señor.

EXT. DIA. LOJA DE TECIDOS

Carros passam na frente da loja de tecidos. Amparo e Nuria saem de lá carregando tecidos em rolo e uma sacola transparente.

EXT. DIA/ENTARDECER. ILHA DA FANTASIA/ CAMPINHO DE FUTEBOL

Amparo e Nuria, carregando os tecidos, atravessam o campinho de futebol da Isla de La Fantasia cheio de vida, com as pessoas que chegam do trabalho e se divertem.

INT. DIA. CASA DA ABUELITA

Amparo e Nuria entram na casa da Abuelita.

AMPARO
Permisso.

Maria está dando jantar para duas crianças.

MARIA
A Abuelita está dormindo.

Amparo repara nos uniformes das crianças.

AMPARO
Ah, mira, no és que tienes uns uniformes más grandes para eu tirar o molde? E será que alguém poderia me emprestar uma máquina de costura?

MARIA
No.... No creo que alguien acá tenga una máquina de costura.

A Abuelita sai do quarto, devagar.

ABUELITA
¡Ah! Como estan?

AMPARO
Preciso fazer los uniformes...

ABUELITA (para Maria)
Ah! Mas não tem o de alguém mais grande, que já perdeu o tamanho e pode emprestar?

Maria faz que não sabe.

ABUELITA
Na casa do Jaime, talvez... mira, vamos averiguar.

Ela pega no braço de Amparo, e sai com ela, caminhando devagar.

Núria vai atrás.

EXT. DIA. CASA DA ABUELITA/CAMPINHO

Amparo e Abuelita saem da casa da Abuelita e vão para um lado, atravessando o campo de futebol, enquanto Núria vai para o outro.

EXT/INT. DIA. CASA DE AMPARO

Núria chega em casa, abre a porta, tira os sapatos, vê que as botas de cowboy não estão mais no lugar e, quando se vira, dá de cara —

COM SEU PAI

Enrolado numa toalha de banho, com seu chapéu branco sujo de cowboy na cabeça, carregando suas botas numa mão e tirando roupas camufladas da mala, com um esparadrapo fluorescente numa atadura em sua perna queimada, ao lado de uma mala aberta, que havia sido trazida por Amparo, com suas roupas, no chão.
Ela grita. O pai se assusta. Tapa a boca da filha com sua mão grande, enquanto fecha a porta e faz sinal de silêncio com o indicador em frente de sua boca.

ADÃO
Schhh! Não digas nada pra ninguém!
Si?

Núria faz que sim, estática. Adão tira sua mão de sobre a boca da filha, e beija ela entre os cabelos.

ADÃO
Como estás, cariño?

Nuria não consegue responder, ainda em choque.

Ouvem um ruído de vento e dos vizinhos batendo boca lá fora.

ADÃO
Tranquila, si? No viste nada.

Adão pega uma muda de roupa e sobe para o andar de cima, mancando e assoviando. Carrega uma metralhadora pendurada em suas costas sob o olhar catatônico da filha.
Som do coração disparado de Núria.

INT. NOITE. CASA DE AMPARO

A agulha da máquina de costura fura o tecido azul marinho do uniforme que compraram.
Amparo, sentada na mesa ao lado de uma máquina de costura, mede com uma fita métrica a cintura de Nuria, em pé, de regata e shorts com detalhes fluorescentes, ao lado dela. Volta com as medidas para um tecido azul escuro sobrio para fazer os uniformes.

AMPARO
Fábio, não fica mexendo no telefone, que vai acabar a bateria!

Fábio joga um joguinho de tiros no celular da mãe, na rede, no outro lado da sala, enquanto

AMPARO
Vem cá, me ajuda aqui — é importante você aprender a costurar, nunca se sabe quando pode ser útil...

Fábio, com má vontade, olha a mãe que passa a linha na agulha da máquina de costura.

FABIO
Útil é ter dinheiro, e comprar pronto.

AMPARO
Mas as vezes não tem para comprar.
Eu já te contei quantas vezes costurar salvou a vida da nossa família?

Fábio faz que sim, e volta para o joguinho.

AMPARO
Su bisabuela fue la primera persona a costurar calças para mujeres em Bogotá. Você sabia? Se vendian escondido.

Fábio faz cara como se tivesse escutado esta história milhares de vezes. Núria pega pedaços de pano ao lado da máquina de costura para brincar com eles, fazendo formas de calças no chão, enquanto escuta a história da mãe.

FABIO
Y la abuela costurava las fardas para los militares, y usted para la guerrilla.

AMPARO
Assim nos mantínhamos informadas.
E foi costurando uma calça que conheci o seu pai.

Núria olha para o andar de cima e vê, palas frestras do chão, alguém andando, devagar, mancando.

INT. DIA. SALA DE AULA - ESCOLA

Núria está de pé, na frente da sala, em frente ao quadro negro, vestindo seu uniforme novo, com seu brinco, pulseiras e um pingente fluorescentes num barbante que desce até o peito. Outras duas crianças estão em pé também. A professora entrega provas corrigidas para os alunos.

PROFESSORA
Presentem-se, por favor.

ANA LUZ (NEGRA)
Yo soy Ana Luz, vengo de Barranquilla.

CLAUDIO
Claudio, de Puerto Assis.

Todos olham para Núria, que não fala nada, e encara a sala. A professora tenta incentivá-la.

PROFESSORA
Digan un pouco lo que gostan de hacer...

Núria continua quieta. A tensão cresce, as outras crianças começam a fazer burburinho.

ANA LUZ
Jogar pelotas

CLAUDIO
Yo también.

Nuria continua muda. O burburinho cresce.

PROFESSORA
Y?

Nuria não fala nada. Todos riem. Exlendy está incomodada.
A professora fica constrangida com a risada que aumenta, e a mudez de Nuria.

PROFESSORA (O.S.)
Tudo bem, pode se sentar. Depois vocês se apresentam melhor.

Ana Luz, Claudio e Nuria se sentam em suas carteiras.
Exlendy sorri para Nuria, que continua com olhar aflito e cara fechada.

EXT. DIA. PRAÇA NA FRENTE DA ESCOLA / AREPAS

Em frente à escola, Amparo observa a VENDEDORA DE AREPAS.

AMPARO
Se eu te trouxer umas recheadas de queijo, você vende aqui?

VENDEDORA
Preciso provar antes, para ver se são boas...

AMPARO
Eu vou te trazer, então.

INT. DIA. PEQUENO MERCADO

Amparo compra ingredientes para fazer arepas. Chega no caixa. Conta o dinheiro. Falta um pouco. Olha para a Moça do Caixa.

AMPARO
Te posso trazer o que falta na semana que vem?

A MOÇA DO CAIXA olha para ela, com olhar de cansaço.
Chama o GERENTE.

MOÇA DO CAIXA
Carlitos! Ela vai querer fiado.

O gerente se aproxima.

GERENTE
O que você pode deixar como garantia?

Amparo olha a identidade de Adão que carrega consigo.

AMPARO
Posso deixar a identidade do meu marido?

GERENTE
Não aceitamos identidades.
Todos aqui temos 3 ou 4.

Amparo pensa um pouco. Olha as compras.

AMPARO
Te posso trazer uma máquina de costura, que tenho emprestada?

GERENTE
Dale. Quando você trouxer, você leva o queijo e a farinha.

Amparo concorda e sai de lá carregando parte dos ingredientes.

EXT. DIA. PINGUELAS DAS CASAS DE PALAFITAS PRÓXIMAS AO PORTO (ATRÁS DA BIBLIOTECA)

Nuria passa pelas pinguelas das palafitas próximas ao porto de Leticia, voltando da escola.

EXT. DIA. VIZINHANÇA DA CASA DE AMPARO

Pessoas na janela, e nas portas, se escondem em suas casas/ olham quem passa por frestras.

INT. DIA. CASA DE AMPARO

Níria chega em casa e encontra Fábio, com o chapéu de cowboy do pai na cabeça, suas botas de couro sujas, e uma camisa aberta de guerrilheiro brincando de missão secreta com a metralhadora do pai. Fábio mira a porta onde está, e finge atirar.

FABIO
Pow pow pow.

A porta abre. O último tiro sai de verdade. Núria leva um susto. Fábio também. Ele corre para fechar a porta.
Núria dá um tapa na nuca dele, que em seguida coloca a mão no lugar.

FABIO
Ai!

Fábio tira a camisa do pai, que estava usando sobre a camiseta do uniforme, guarda a arma sob a escada pega sua mochila e sai de casa apressado, para a escola. Núria observa que ele corre e às vezes manca, como o pai.
Núria olha para dentro de sua casa, ouve de longe o assovio do pai no vento. O plástico da casa trepida. Ela prefere sair correndo dali. Bate a porta atrás de si.

EXT. DIA. VIZINHANÇA DA CASA DE AMPARO

Núria vê os vizinhos sentados nas varandas e portas de sua casa, que parecem olhar para ela enquanto fazem seus afazeres. Ela desce as escadas das palafitas de sua casa, fingindo que ninguém a vê, assoviando o assovio do pai.

EXT. DIA. VENDA DO SENHOR SISISI NA ISLA DE LA FANTASIA

Núria se aproxima de uma venda com frutas e diversos produtos para

casa, onde tem uma televisão ligada a um gerador de eletricidade próximo ao campinho de futebol.
Ela conecta o celular da família ali, em uma extensão com várias tomadas e diversos celulares conectados.
Núria olha para a TV onde passam notícias dos conflitos armados e do progresso das negociações de paz da Colômbia.

ROSA (em portunhol)
Não se preocupe senhor Sisisi que este mês pagamos sem falta! Estamos consertando o barco, e meu marido já conseguiu fazer as entregas no Brasil...

SR.. SISISI anota, com um pouco de mau humor, o empréstimo.

SENHOR SISISI
Pede para ele vir falar comigo.
Faz tempo que não o vejo.

Em seguida ela observa Rosa (40), com um bebê no colo, se aproximar da venda do senhor Sisisi.

ROSA (em portunhol)
Tiene crédito para celular brasileiro?

SENHOR SISISI (60), aparece de dentro da venda, com um pano de prato nos ombros.

SENHOR SISISI
De quanto?

ROSA (em portunhol)
25 reais.

Senhor Sisisi entrega para ela.

ROSA (em portunhol)
Puede marcar con las otras compras.

SENHOR SISISI
Ai, ai, ai, que su família ya não pagou o que deve no mês passado....

Exlendy se aproxima por trás de Núria.
Vê que a amiga está observando a cena. Fala baixinho.

EXLENDY
Já te apresentaram ao senhor Sisisi?

Núria leva um susto. Exlendy ri. Núria faz que não.

EXLENDY
Na verdade ele se chama don Amado, mas aqui todos lo chamamos de senhor Sisisi. Pois se alguém diz não...

Exlendy faz um gesto de "degolar". Núria olha para ele.

EXLENDY
Ele é o mais rico aqui da ilha.
Acho até que ele é o mais rico de Leticia, da Colômbia, do Brasil, do Peru, do mundo todo. É um homem muito bom, empresta dinheiro pra todo mundo. Mas se você não pagar...

Núria observa o SR. SISISI contando dinheiro e passando parte dele para COIOTE (19), que mastiga uma grama comprida na boca e tem as pontas dos cabelos loiros, com um chapéu de cowboy pendurado no pescoço, nos fundos da venda.

EXLENDY
Ele tem agentes por toda parte. Te quebram a perna. Tiram um dedo.
Até você dar um jeito de devolver o dinheiro. Com o juros, claro. Que ele não é bobo.

Exlendy abre UMA BOLSINHA de onde tira um batom, cartas de baralho, alguns pesos e balas amassadas, que oferece para Núria.

EXLENDY
Quer?

Núria faz que não.

EXLENDY
Do que você gosta de brincar?

Núria não responde.

EXLENDY
Você sabe jogar passa passa?

Núria faz que sim.

EXLENDY
Quer jogar?

Núria faz que não.
Uma bola bate nelas.

EXT. DIA. VENDA DO SR. SISISI

Nisso, há uma briga entre as crianças que estavam jogando bola, no campinho ao lado delas, que se desenrola quase aos pés de Núria. Crianças maiores tentam impedir a briga. Coyote se aproxima como uma autoridade.

COYOTE
Que passa acá?

CRIANÇA 01
Foi ele que começou!

CRIANÇA 02
Foi nada! Foi ele! Ela viu!

Todos olham para Núria, que fica muda, na frente de Exlendy.

CRIANÇA 03 (O.S.)
Fala! Quem foi que começou?

Núria continua sem dizer nada, acuada. A tensão cresce. O bando de meninos, brigando, está cada vez mais próximo delas.

CRIANÇA 04 (O.S.)
Fala!

Exlendy empurra um deles, que cai no chão.

EXLENDY
Ninguém aqui tava prestando
atenção em vocês!

O menino vai revidar para cima de Exlendy. Coyote intervém.

COYOTE
Tranquilo, tranquilo, no passa nada. Isso se resolve
de outra forma.

As crianças voltam para o jogo, olhando feio para Núria, que continua acuada, calada. Se afastam fazendo gestos obscenos. Exlendy mostra o dedo do meio para eles.

EXLENDY
Babacas!

Os outros garotos continuam a jogar.

EXT. DIA. VENDA DO SR.. SISISI

Exlendy sorri para Núria.

EXLENDY
Você é boa em ficar quieta. Quer ser minha amiga?

Núria sorri para ela.

EXT. DIA. ISLA DE LA FANTASIA/ CAMPINHO DE FUTEBOL

Núria vê Amparo chegando na Ilha, de canoa. Vai em direção a ela.

EXT. DIA. CASA DO PRESIDENTE DA ILHA

Abuelita apresenta Amparo ao senhor Presidente de la Isla, enquanto este trabalha na construção de um barco.

ABUELITA
Mira, senhor presidente, esta és mi sobrina, su marido desapareció en un acidente... está buscando empleo. Precisa do suficiente para fazer uma base.

O senhor Presidente olha para Amparo de mãos dadas com Núria.

PRESIDENTE DE LA ISLA
Nosostros no recibimos más desplazados aqui.
No queremos problemas.

ABUELITA
Mas ela é da família, senhor presidente. Logo mais se ajeita.
Não vai causar problema nenhum... sempre foi muito correta, trabalhadora.

O Presidente olha para ela, desconfiado, e fala enquanto continua seu trabalho.

PRESIDENTE DE LA ISLA
Abuelita, ja querem nos tirar daqui, se trazemos problemas para cá é que vão nos tirar mesmo. Ela não pode ficar em Letícia?

ABUELITA (O.S.)
Senhor presidente, fazem 30 anos que vivo aqui. Desde que esta ilha surgiu no meio do rio. E eu já dei algum tipo de problema para o senhor?

O senhor Presidente continua parafusando seu barco, sem responder.

ABUELITA (O.S.)
Uma palavrinha sua, e conseguimos um posto para ela na fábrica de peixes... ao menos por um tempo, só para ela conseguir fazer uma base.

AMPARO
Eu estou limpa senhor presidente. Não trago nenhum problema comigo. Os problemas todos deixamos para trás.

O senhor presidente a olha com ar desconfiado.

INT. NOITE. CASA DE AMPARO

Fábio grita enquanto Amparo puxa sua orelha, dando uma bronca neste, segurando a metralhadora com a outra mão.
Nuria, cabisbaixa, os observa.

AMPARO
Quantas vezes vou ter que te dizer que não é pra mexer no que não é seu?

Fábio olha furioso para ela.

AMPARO
Já não basta tudo o que passamos?
Você vai querer nos trazer problemas de novo?

Fábio a encara sem responder. Olha para baixo.

AMPARO
Se te pego mexendo de novo nas coisas do seu pai, você vai se arrepender de ter nascido.

Núria, encostada na parede, olha para ele.

AMPARO
Entendiste?

Fábio faz que sim.

AMPARO
Não escutei.

FABIO
Si.

AMPARO
Si?
FABIO
Si, senhora.

AMPARO
Muito bem, agora vai tomar banho.

FABIO
Está frio.

AMPARO
Vai tomar frio mesmo, pra ver se aprende alguma coisa.

Fábio olha na direção de Núria, com ódio.
Fábio sai do quarto.

AMPARO
Ei!

Fábio se volta pra ela. Amparo joga uma toalha para ele.

AMPARO
Fica esperto que tem cobra lá fora.

Fábio sai com a toalha.
Amparo senta na cama e desmorona, chorando pra dentro com a metralhadora no colo. Núria se aproxima, encosta a mão nos seus cabelos, Amparo imediatamente se levanta, guardando o choro e a metralhadora no armário.
Fecha a porta do armário.

BLACK

INT/EXT. DIA. FABRICA DE PEIXES

Abre a porta da câmara gelada do frigorífero de peixes, Amparo e a MOÇA DA FÁBRICA DE PEIXES, com botas brancas, entram ali, onde tem peixes pendurados em todas as paredes.
A MOÇA DA FÁBRICA DE PEIXES explica como tirar as escamas de cada tipo de peixe do rio Amazonas, enquanto caminham.

MOÇA FÁBRICA DE PEIXES
E aqui deixamos congelar depois de descamados, para serem empacotados e ir para exportação.

AMPARO
Si señora.

Alguns homens jovens vestidos de branco entram lá para carregar sacos de peixes congelados, enormes, sobre suas costas. Amparo os observa.

MOÇA FÁBRICA DE PEIXES
Normalmente não contratamos mulheres para ser carregadoras. Mas você pode pescar, que o chefe compra peixe, já sem escamas, é claro.

AMPARO
É que não tenho barco, nem rede, e não conheço este rio... morro de medo de me afogar. Mas posso carregar, como eles.

MOÇA FABRICA DE PEIXES
Mas é muito pesado.

AMPARO
Já carreguei muita coisa pesada na vida. Mira.

Amparo pega um saco que estão terminando de fazer mostra como consegue carregá-lo nas costas.
A MOÇA DA FÁBRICA DE PEIXES consente com um gesto que ela siga os outros carregadores. Ela sai da câmara fria do frigorífero e se distancia pela porta da fábrica, enquanto a MOÇA DA FÁBRICA fica lá dentro.

EXT. DIA. PORTO "FRITZCARRALDO"

Fábio está sentado com seu uniforme escolar, emburrado, sobre uma plataforma de fero envelhecida do porto de Leticia.
Coyote passa por ele, carregando uma caixa grande com uma pequena em cima. A pequena cai no chão, próximo a Fábio.

COYOTE
Hey chino que haces aqui?

FABIO
Nada.

COYOTE
Tu no eres de aqui. De donde vienes?

Fábio não responde.

COYOTE
No importa. Ayudame con isso.

Fábio o ajuda com a caixa.

COYOTE
Tu eres el hermano gemelo de Torqui?

Fábio faz que não.
Aproximam-se do senhor Sisisi contando dinheiro, numa sombra dos barcos.

COYOTE
Eres igualito a el. Viene, te presento al señor Sisisi.

SR.. Sisisi baixa os óculos escuros e aperta sua mão.

SENHOR SISISI
Mucho gusto. he llegado más encomendas en el puerto de Tabtinga. Tu vás buscar.

COYOTE
Claro, como no? Vamos?

Fábio aceita ir com ele. Se distanciam.

EXT. NOITE. CASAS NA ISLA DE LA FANTASIA - CHUVA

Chove durante a noite na Ilha.

INT. NOITE. CASA DE AMPARO/ BANHEIRO EMBAIXO DA ESCADA

Núria está dentro de uma bacia grande, tomando banho, com uma esponja fluorescente, embaixo da escada, num ambiente separado da cozinha por um lençol. Ela usa os brincos fluorescentes. Amparo joga uma chaleira de água quente na bacia. Sai fumaça. Nas costas de Núria há uma cicatriz em processo de cicatrização. Bacias acumulam gotas de água que caem do teto, no meio da casa.

FABIO (O.S.)
Já posso colocar a mesa?

AMPARO
Por favor.

Fábio desce as escadas. Amparo se levanta.

INT. NOITE. CASA DE AMPARO/SALA COZINHA

Fábio pega dois pratos e duas colheres para colocar na mesa.
Amparo chega e lhe passa mais dois pratos e colheres.
Fábio olha com pena para a mãe, mas coloca os quatro pratos e colheres na mesa mesmo assim.

AMPARO
Corre e aproveita que a água ainda está quente.

Fábio vai tomar banho.

INT. NOITE. CASA DE AMPARO/QUARTO DE CIMA

Núria, no quarto de cima, de banho tomado, com uma toalha na cabeça, escolhe que roupa vestir. Coloca uma calcinha normal e um sutiã fluorescente.

INT. NOITE. CASA DE AMPARO/COZINHA

Amparo prepara uma sopa com um peixe. Toca uma música latina revolucionária melancólica no seu celular.
Adão aparece por trás dela e beija seu cangote. Amparo sorri.
Núria sai do quarto, os vê de relance, da escada. Num primeiro momento fica apreensiva, mas depois relaxa observando, escondida, a interação dos dois e também sorri.

AMPARO
Parece que a chuva fez uma pausa -
Precisamos buscar mais água!

FABIO (O.S.)
Já vou!

Núria desce as escadas. O pai, de shorts com uma cueca fluorescente aparecendo, passa as mãos na cabeça dela.
Entrega para ela o balde.
Perto da porta, Núria veste chinelos fluorescentes e sai de casa, carregando o balde e uma lanterna.

EXT. NOITE. CASA DE AMPARO

Núria desce as escadas da casa de palafitas, enquanto escuta as vozes de seus pais sussurrando baixinho.

EXT. NOITE. ISLA DE LA FANTASIA/ ATRÁS DA CASA DA ABUELITA

Núria caminha até uma bomba de água a manivela atrás da casa da Abuelita, onde enche seu balde.
Muitos vagalumes piscam sob as palafitas.
Abuelita aparece em uma janela.

ABUELITA
Ah! Eres tu!

Núria olha pra cima.

ABUELITA
Necessitas de algo?

Núria faz que não. Sons de barcos a motor passando próximo dali lembram helicópteros da guerra.

ABUELITA
Bueno. Cuidado com os bichos noturnos.

Núria faz que sim, desliga a água da bomba e se afasta com o balde cheio d'água, caminhando rapidamente.

INT. NOITE. CASA DE AMPARO

Amparo coloca sopa em todos os pratos. Chove la fora.
Fábio a observa.
Núria e Adão estão também sentados na mesa. Aparece a alça fuorescente do sutiã de Núria, sob sua regata.
Começam a comer. Adão é canhoto. Fábio olha para o lado, na sua direção.

FÁBIO
E como que se nasce gêmeos?

AMPARO
Assim, normal. A mamãe dá à luz duas crianças ao invés de uma.

FÁBIO
E elas são igualitas?

AMPARO
Às vezes, sim, às vezes não.

FÁBIO
Mas eles nascem ao mesmo tempo?

Adão olha para Amparo apreensivo.

AMPARO (O.S.)
Não, sempre um nasce un poquito antes do otro.

FÁBIO (O.S.)
Mas eles fazem tudo igual? Falam igual, com a

mesma voz, andam igual, usam as mesmas roupas, fazem tudo tudo igual?

Amparo e Adão se olham.

AMPARO
Às vezes sim, às vezes não... por quê?

Adão come com a mão esquerda.

FÁBIO (O.S.)
Mas se um é canhoto, o outro também é, por exemplo?

Amparo olha pro marido, de rabo de olho.

AMPARO
A veces si, a veces no.

Fábio muda de mão sua colher, para comer com a mão esquerda, imitando o pai.
Adão, aparentemente não concorda com a estratégia da compaheira, e observa o plástico da porta que trepida com o vento.

AMPARO
Toma sua sopa direito, se não esfria.

FÁBIO
Eu já comi esta sopa ontem...

AMPARO
Não importa. Come de novo, que é o que temos
pra hoje.

Fábio estica a mão para pegar uma arepa quentinha, de várias que estão empilhadas, alinhadas no fogão a lenha atrás dele. Amparo faz um ruído impedindo-o.

AMPARO
Ya comiste una, hijo. Estas son para vender.

FÁBIO
Eu não aguento mais comer peixe.
Tudo de peixe.

ADÃO
Não reclama...

AMPARO
... que tá cheio de gente passando fome.

Fábio olha para Adão e depois para Amparo.

FÁBIO
Você parece meu pai falando.
Igualzinho.

Adão e Amparo se olham.

AMPARO
Come, vai. Depois pode pegar mais uma.

Fábio come com má vontade. Uma ponta maior do saco plástico se desprende com o vento, fazendo barulho.
Adão se levanta e vai arrumá-lo. Quando se abaixa vemos sua cueca fluorescente aparecer na borda da calça.

ADÃO
Isso não vai aguentar os temporais daqui...

Núria se aproxima dele com um sticker fluorescente que pegou de sua mochila para ajudá-lo a prender a ponta do saco plástico.
Fábio e Amparo continuam comendo na mesa sozinhos. Os pratos de Núria e Adão estão cheios, com sopa.

EXT. DIA. PORTO DE LETICIA /ENTREGA DE PEIXES

Amparo, toda vestida de branco, ao entregar um saco de peixes enorme no porto de Leticia, recebe um telefonema no celular. Identifica na tela que é o ADVOGADO ligando.
Coloca o saco no chão e atende.

ADVOGADO (O.S.) (em portunhol)
Mira, averiguei e a petrolífera está pagando uma indenização de 25 milhones de pesos para cada desaparecido. Eu posso te adiantar 15 pra cada, e fico com 10 pelos meus honorários. Você só precisa assinar uma procuração, que eu entro com a documentação aqui.

AMPARO
25 milliones? Mas lá nos disseram que estavam pagando o dobro deste valor.

ADVOGADO (O.S.) (em portunhol)
Eu posso tentar negociar, mas pode levar anos para ganharmos a ação.... estas multinacionais são muito poderosas....ainda mais petrolifera... e isso é o que estão oferecendo, no momento, de imediato.
Você quer pensar um pouco sobre esta proposta, e depois me avisa? Compreendes la situacion?
Quer passar aqui para conversarmos melhor?

AMPARO
Si, compreendo. Despues passo ahí.
Gracias.

Amparo, um pouco puta da vida desliga o telefone.
Som de trovão e chuva que se aproxima.

EXT. DIA. VIELAS PROXIMAS PORTO DE LETICIA - CHUVA

Chove próximo ao porto de Leticia. As pessoas tentam se proteger. Amparo Passa.

INT. DIA. BARCOS ENCALHADOS - CHUVA

Nuria entra num barco abandonado para se proteger da chuva. Ouve ruidos abafados.
Vê no chão a BOLSINHA DE EXLENDY, aberta, com suas coisas espalhadas no chão. Reconhece sua voz, abafada.
Vê por uma fenda no barco a amiga presa por 5 adolescentes, enquanto COYOTE a interroga, com seu celular na mão.

COYOTE
Dame un besito, que te devolvo.
Nada más.

EXLENDY
No!

Exlendy se defende, lutando o quanto pode.

COYOTE
Então me diz o que sabes. És muy simples.

EXLENDY
Yo no sé nada, ya te dije!

COYOTE
Como conseguiste esto?

Coyote mostra um contato no celular dela.

EXLENDY
És de mi papá.

COYOTE
Y el senhor Sisisi, lo sabe? Que tu papá tiene negócios con ellos?

EXLENDY
Yo no me meto en sus afazeres.

COYOTE
Vem aqui que vou passar um recado pro seu pai.

Os garotos levam Exlendy a força até ele, que lambe seu ouvido. Eles riem. Ela tenta se soltar.
Núria faz barulho ao se apoiar numa parede de ferro enferrujado do barco, que se curva. Os adolescentes ouvem o barulho, saem corendo

de lá, soltando Exlendy. Coyote joga o celular de Exlendy no chão, próximo dela.

COYOTE
No te olvides.

Exlendy pega o celular e sua presilha de borboleta quebrada, no chão. Núria com a bolsa da amiga, se aproxima de Exlendy.
Esperam a chuva passar, em silêncio, por um bom tempo no barco abandonado.

EXLENDY
Escutas este silêncio?

Núria para por um tempo e faz que sim.

EXLENDY
Meu pai sempre diz que antes de uma desgraça
hay siempre um grande silêncio, tão ou mais forte
que um bombardeio. Lo estás escuchando?

Núria aguça os ouvidos e faz que sim.

EXLENDY
Já ouvistes um bombardeio, si?

Núria faz que sim novamente.

EXLENDY
Claro. Quem não ouviu?

Observam a chuva caindo, levemente, lá fora. Escutam o silêncio.

EXT. DIA. PRAÇA NA FRENTE DA ESCOLA / VENDEDORA DE AREPAS

Amparo entrega um pacote grande de arepas para a Vendedora.

VENDEDORA DE AREPAS
Estão maravilhosas! Fizestes de frango desta vez?

AMPARO
Não consegui... mas semana que vem trago mais variedades também.

VENDEDORA DE AREPAS
Quantas você trouxe desta vez?

AMPARO
48.

VENDEDORA DE AREPAS
Precisamos aumentar para 100. Você consegue?

AMPARO
Claro!

VENDEDORA DE AREPAS
Listo. Semana que vem espero 100 então. Toma a sua parte.

A Vendedora de arepas entrega para Amparo algumas notas de dinheiro.

EXT. DIA. SAIDA DA ESCOLA

Amparo observa algumas meninas, da idade de Nuria, conversando na saída da escola. Vê Fábio saindo, usando o chapéu de cowboy do pai. Vai em sua direção, mas Fábio passa direto por ela, que fica desconcertada.

FÁBIO
Não precisa vir me buscar, eu sei voltar sozinho.

AMPARO
Você não quer um churros?

FÁBIO
Y temos plata pra isso?

Amparo sorri.

EXT. DIA. PRAÇA NA FRENTE DA ESCOLA

Amparo compra um churros para Fabio, na praça principal, e saem andando de lá. Outras duas crianças que comem churros na praça andam com tênis que piscam luzes fluorescentes a cada pisada. Fábio anda rápido e Amparo tenta alcançá-lo.

FABIO
Você está fedendo a peixe.

Amparo, golpeada, deixa que Fábio ande mais rápido do que ela, na frente, mas segue atrás dele.

EXT. DIA. PINGUELAS DE PALAFITAS PRÓXIMAS AO PORTO (ATRÁS DA BIBLIOTECA)

Fábio e Amparo passam pelas pinguelas das palafitas, perto do porto de Letícia.

AMPARO
Fábio, só falta levar mais 12 sacos e já vou para casa, si?

Fábio, emburrado, faz que sim com a cabeça.

FÁBIO
Eu posso trabalhar, também, sabia?
Não é difícil levar as pessoas nas canoas...

AMPARO
Nada de trabalhar, você vai pra casa estudar, que
eu já tô indo.
Combinado?

FÁBIO
Si.

AMPARO
Si?

FÁBIO
Si, senhora.

Fábio se distancia, assoviando baixinho o assovio do pai.

INT. NOITE. CASA DE AMPARO

AMPARO está moendo milho para fazer as arepas recheadas de queijo. Nuria a ajuda, colocando farinha no moedor.
Adão entra em casa carregando lenha para o fogão. Ele tem um pingente e os cabelos presos com uma chuquinha fluorescente.

AMPARO (O.S.)
E a lição de casa? Está pronta?

FABIO (O.S.)
Hoje não tem...

AMPARO
Não tem.... Sei... depois quero ver o seu caderno!

Núria vai para próximo da porta, onde pega seu caderno e caneta marca texto da mochila para usar, sentada no chão.
Adão se aproxima de Amparo roubando um pedaço de queijo.
Amparo bate em sua mão. Ele retribui com um beijo em seu pescoço.

Toca uma salsa no celular ligado a uma caixinha de som, chinesa.

AMPARO
O que te parece a proposta do advogado?

ADÃO
Acho muito estranho ele adiantar o dinheiro.
Como assim ele só consegue 25 milhones?
Com certeza ele vai cobrar muito mais da petrolífera! A família do Carlos conseguiu 200!

AMPARO
Eu sei que é pouco, mas é melhor do que nada.

ADÃO
Melhor do que nada?

Silêncio.

ADÃO
Vocês não deviam ter saído de lá.
Vai ser difícil pressionar daqui.

Amparo olha para o marido, com uma faca grande na mão.

AMPARO
A gente não devia ir embora? Você queria o quê?
Que desaparecessem com mais alguém?

ADÃO
No... no és assim...

AMPARO
... O tempo inteiro eu tenho que me virar pra nos tirar das encrencas em que você nos mete...

ADÃO
Que eu nos meto?

AMPARO
Você sempre nos coloca em perigo.
Sempre. Primeiro veio com esta história de ir para o Barrancobermejo, que tinha ouro, estavam começando uma cidade nova, que não tinha nenhum restaurante lá, depois, quando não deu certo do ouro, não me deixou voltar pra Cali.

ADÃO
Para viver embaixo de uma lona?
Sem casa? E deixar tudo o que construímos pra trás?

AMPARO
Agora ficou pra trás de qualquer jeito.

ADÃO
Vamos voltar! Ocupar o que é nosso....
Que construímos por tantos anos....

AMPARO
Já vai estar tudo destruído... tomado. Melhor irmos pro Brasil, que lá não corremos o risco de nos reconhecerem. A Lucélia falou que Manaus é como Miami na América do Sul. Tá todo mundo lá.

ADÃO
Se tá todo mundo lá, deve ter paracos também.

AMPARO
Mas se estão lá, já desistiram da guerra, e estão também fugindo, como nós. E não é educado perguntar do passado de ninguém.

ADÃO
E se estiverem vivendo ali, na mesma rua?
Você faz o quê? Ele não tinha nem 12 anos de idade...
Mataram "porque deu vontade" como disseram...

AMPARO
A gente muda de rua.

ADÃO
E vamos passar o resto da vida nos mudando?

AMPARO
Você que nos colocou nesta situação. Eu disse para você não se envolver... não dar entrevistas...

ADÃO
E você queria que eu ficasse parado? Que deixasse que destruíssem tudo que construímos?
A escola das crianças? As duzentas casas que erguemos do nada? A cooperativa agrícola?

AMPARO
Mas não precisava se expor tanto.

ADÃO
Você concordou que a gente precisava se organizar! Desde que acharam petróleo, ficou claro que iam nos expulsar de lá! Dito e feito!

AMPARO
Aí quando as coisas saem de controle, você desaparece, e eu tenho que resolver tudo sozinha, de novo.

ADÃO
Você mesmo disse que não estava mais conseguindo ficar ali!

AMPARO
Tinha que ter me consultado primeiro!

ADÃO
E você acha que eu escolhi o que aconteceu? Ao menos com esta indenização dá pra começar uma nova vida, no Brasil, ou onde você quiser... Você mesma disse que estava cansada, que não aguenta mais esta guerra, que não queria ver o Fábio com o mesmo destino do Angel...

AMPARO
Então não reclama que viemos pra cá.

ADÃO
Eu só acho que não dá para aceitar tão pouco.

AMPARO
Tudo é injusto pra você.

ADÃO
Mas é mesmo!

AMPARO
Eu sei que é. Mas é o que temos para hoje. Se formos pedir mais sabe-se lá quanto tempo vai demorar para receber, e eu não quero ficar esperando.

ADÃO
E por que a pressa?

Amparo levanta os olhos na direção dele, e continua picando o queijo, furiosa, sem responder.
Adão dá de ombros, se afastando.

AMPARO
Fácil dar de ombros, né? Não é você que tem que dar conta de tudo...

Adão sai de perto, invocado, acendendo um cigarro no fogão para fumar, fora da casa, passando pela abertura no plástico da parede do "banheiro".
Fábio vê a mãe resmungando sozinha. Nuria faz a lição de casa, marcando uma apostila com uma caneta fluorescente marca-texto próxima à porta de entrada na casa.

EXT. DIA. ISLA DE LA FANTASIA/ CAMPINHO DE FUTEBOL

A água do Rio está na altura do campinho. Crianças jogam futebol na lama, divertindo-se.

EXT/INT. DIA. CASA DA ABUELITA

Nuria, sentada com as pernas penduradas da varanda da casa da Abuelita, joga um yo-yo que brilha com luzinhas fluorescentes. Ela está com os chinelos, brincos, pingente, pulseira e uma saia fluorescente.
Abuelita aparece na varanda, saindo da sua casa.

ABUELITA
Nuria, você sabe onde sua mãe guardou a máquina de costura?

Núria faz que não com a cabeça.

ABUELITA
Você nunca foi de falar muito, não?

Núria fica apreensiva.

ABUELITA
Você conhece a história do coronel que tinha orelhas de burro?

Núria faz que não.

ABUELITA
Era a história favorita da sua mãe. Ela nunca te contou? A mãe dela contava pra ela todas noites, por muito tempo.

Núria faz que não novamente.

ABUELITA
Bom, talvez ela se esqueceu...

Abuelita começa a contar.

ABUELITA
Mas existia um coronel, muito poderoso, que tinha terras e mais terras, todo mundo o respeitava, mas ninguém sabia que ele tinha orelhas de burro, debaixo do seu chapéu. Grandes assim, e peludas.
E o único que sabia disso era quem? O seu cabeleireiro, claro, que lhe tirava o chapéu para cortar o cabelo. E ele não podia contar este segredo para ninguém, sob pena de ser morto por ele.
Pois quem ia querer obedecer um coronel que tem orelhas de burro?!

Nuria levanta as sobrancelhas, curiosa. De dentro da casa, pela janela, Maria vê a Abuelita contando a história.

ABUELITA
O cabeleireiro, coitado, cortava o cabelo dele, mas ficava com aquela aflição, pois não podia contar este segredo pra ninguém. Nem para sua mulher

ou filhos. E a língua dele coçava. E ele suava. E muito. E tinha pesadelos. Até que um dia, ele teve uma ideia! Cavou um buraco bem fundo, num mangue, longe da cidade onde viviam, para poder gritar bem alto, dentro do buraco, sem ser ouvido, "o coronel tem orelhas de burro! O coronel tem orelhas de burro!" e quanto mais ele gritava no buraco, mais ele se sentia aliviado!

Exlendy se aproxima da varanda, ouvindo com atenção.

ABUELITA
Você sabe o que aconteceu?

Núria faz que não. Exlendy sorri, maneando a cabeça em sinal de sim, enquanto apoia-se na varanda.

ABUELITA
Um monte de bambu cresceu naquele buraco, e sempre que bate o vento todos ouvem "o coronel tem orelhas de burro! O coronel tem orelhas de burro!".

Nuria e Exlendy riem.

ABUELITA
E ele teve que assumir as orelhas dele.

Abuelita puxa as próprias orelhas.

ABUELITA
Você tem certeza que não sabe onde a sua mãe guardou a máquina de costura que pegou emprestada?

Núria faz que não.

ABUELITA
Então tá bom. Quando ela voltar pede para ela me procurar.

Abuelita volta para dentro da casa, Exlendy susurra para Nuria.

EXLENDY
Eu sei onde fica este bambuzal, você quer ver?

Nuria faz que sim, hesitante.
Descem das palafitas, pulando desde a varanda.

EXT. DIA. ISLA DE LA FANTASIA, DA CASA DA ABUELITA EM DIREÇÃO AO LAGO

Núria e Exlendy caminham lado a lado, por entre as casas de palafitas, sobre o chão um pouco alagado.

EXLENDY
A Abuelita já te contou dos fantasmas aqui da ilha?

Núria faz que não, assustada.

EXLENDY
Aqui tem muitos fantasmas, precisa tomar cuidado.
Porque às vezes eles entram no nosso corpo e
fazem a gente fazer coisas que não quer.
Que nem com o Coyote que você viu lá nos barcos
— você se lembra?

Núria faz que sim.

EXLENDY
Às vezes ele é muito legal, mas vira e mexe ele é incorporado e faz coisas que não quer.
Eu tento explicar para ele, que não pode.
Mas ele diz que não consegue se segurar.

Passam por uma casa.

EXLENDY
Tinha uma mulher que morava ali, atrás do campinho, matou os dois filhos. Um era bebezinho. Tava incorporada. Depois ela se matou também. Hoje em dia, as vezes, ela aparece no corpo de outras pessoas que batem nos filhos.

Nuria arregala os olhos, enquanto caminha com a amiga.

EXLENDY
Na sua casa, você nunca viu nada, não?

Nuria faz que não, achando estranho o papo da amiga.

EXLENDY
Na minha, as vezes, aparece uma maçã, um copo, ou o cabelo de um fantasma.

Andam cada vez mais rápido, se distanciando pelo caminho.

EXT. DIA. LAGO DA ISLA DE LA FANTASIA

Se aproximam do lago, próximo a um mangue, cheio de raízes de árvores, onde tem um bambuzal. Vêem um grupo de crianças jogando uma prótese de perna entre si.
No meio delas, COYOTE, de sunga de banho, pulando em um pé só, tenta recuperá-la.
Exlendy e Nuria páram e observam de longe.
Fábio está entre as crianças, e tenta ajudar Coyote, arremessando lama nas outras crianças, com fúria. Coyote, apesar de ser mais velho que as outras crianças, sem sua perna, fica indefeso.
A perna é jogada para cima e fica presa na copa de uma árvore. As crianças saem rindo dali. Fábio sobe na árvore para pegá-la.
Coyote acende um cigarro, sentado no pé da árvore.

Coyote coloca sua perna de volta, sentado ao lado de Fabio. Passa o cigarro para o novo amigo.

EXLENDY
Este é o lago das sereias. Tá cheio de piranhas.
Muita gente já desapareceu aqui.

Fábio dá um trago no cigarro do amigo, tosse, e eles riem.
Núria e Exlendy observam de longe.

INT. DIA. CASA DE AMPARO

Adão, com pregos na boca, segura uma escada, com Fábio em cima, tentando fechar com tábuas a parede com o saco plástico preto.

ADÃO
Más para lá, isso. Tenta deixar a tábua o mais próxima possível.

Adão usa um pingente fluorescente, sobre o dorso nu.
Ouvem ruídos na escada de fora da casa.

ABUELITA (O.S.)
Permisso.

FÁBIO
La Abuelita!

Nuria olha espantada para a direção da porta. Adão se esconde correndo atrás desta, enquanto Núria, com uma blusa com desenhos fluorescentes, toma seu lugar.
Abuelita abre devagar a porta da casa.

ABUELITA
Permisso.

Nuria olha para ela.

FÁBIO
Adelante Abuelita.

ABUELITA
Ah, que lindo, estão arrumando a casa?!
E su mamá? Donde está?

FÁBIO
En la fabrica de peixes.

ABUELITA
La máquina de costura no está aqui, no?

Núria faz que não.

ABUELITA
Onde será que ela levou?

FÁBIO
Ni idea.

ABUELITA
Por favor, me llama quando ela llegar. Hoje temos asssembleia da Isla. É importante ela ir.

Núria concorda.

FÁBIO (O.S.)
Pode deixar que falo para ela.

ABUELITA
Gracias! Quer uma ajuda com as tábuas?

FÁBIO (O.S.)
Não precisa.

Abuelita dá uma última olhada ao redor da casa. Vê as arepas sob um pano.

ABUELITA
Ah, ela está preparando arepas?
Que delícia!

Ela pega uma para provar e vai embora.

EXT. DIA. PRAÇA NA FRENTE DA ESCOLA / VENDEDORA DE AREPAS

Amparo entrega mais arepas recheadas de queijo para a vendedora.

VENDEDORA DE AREPAS
Quanto tempo pretendes quedar-se acá?

AMPARO
No sabemos.

VENDEDORA DE AREPAS
Porque mira, vai ter uma festa aqui na cidade daqui a uns meses, de confraternização das fronteiras, Peru, Colômbia e Brazil. Muito famosa, vem gente de toda parte. Eu não vou estar aqui, mas posso te deixar o meu fogareiro, e você vende mais de 800 arepas por noite. Vale pelo ano inteiro. Te interessa?

Amparo sorri.

AMPARO
E são quantas noites de festa?
E quanto custa este fogareiro?

VENDEDORA DE AREPAS
Um novo custa 6 milhones. Te posso fazer por 3,
pois já está bastante usado.

Amparo passa a mão no fogareiro, quase queimando-se.

AMPARO
Calientito!

VENDEDORA DE AREPAS
Si, funciona bem!

INT. DIA. PEQUENO MERCADO

Carlitos está colocando preços nos produtos do mercado. Amparo está atrás dele, seguindo-o, enquanto tenta convencê-lo a vender mais ingredientes para ela.

AMPARO
Assim que passar a festa, te pago,
com juros, se quiseres.

GERENTE
Perdón, mas eu não sou dono daqui, não posso
te vender tanto ingrediente assim, fiado.
Se o chefe descobre, perco meu emprego.
Eu sinto muito.

AMPARO
E donde está o dono daqui?

GERENTE
Não vive aqui.

AMPARO
Ah. Claro. Como sempre.

Amparo observa o mercadinho.

AMPARO
Se nota. E quando ele volta?

GERENTE
No sabemos.

AMPARO
Mira senhor gerente, no me faça pedir emprestado. Por favor. É uma oportunidade única. Você conhece esta festa de confraternização das fronteiras, verdad?

O gerente faz que sim.

AMPARO
E vem muita gente?

O gerente faz que sim.

AMPARO
Entonces! Não quer ser meu sócio?

O gerente sorri. Amparo devolve o sorriso, tímida.

GERENTE
Perdona-me. No puedo.

AMPARO
Pero como faço yo, para conseguir tantos ingredientes?

GERENTE
Cada um sabe como ajeita sua vida.

AMPARO
Senhor gerente, por favor...
Carlos su nombre, si?... por favor...

GERENTE
Eu não posso resolver o problema de todo mundo. Tem um cassino ali atrás, você pode tentar a sorte...

AMPARO
Ah, claro! Sorte eu tenho de sobra! Sempre posso contar... por favor Carlitos, não me faça piada!

GERENTE
Eu sinto muito. Esta quantidade fica impossível para mim.

Amparo olha para a máquina de costura, numa sacola de feira, no chão ao lado deles.

GERENTE
Nem esta máquina vale isso. Leva o tanto que você pode pagar, e quando você vender as arepas, vocêvem buscar mais.

AMPARO
Mas assim não vou conseguir fazer o suficiente para a festa...

GERENTE
Eu sinto muito. Não dá para aproveitar todas as oportunidades que surgem na vida...

Amparo, olha decepcionada para ele.

AMPARO
Bueno... ao menos me pode emprestar um cantinho do seu congelador para guardar as que eu for fazendo?

GERENTE
Você não desiste mesmo, heim?

Amparo sorri. Pega a sacola com a máquina de costura.

EXT. ENTARDECER/NOITE. RUAS DE LETICIA

Amparo, carregando a pesada máquina de costura numa sacola em um braço, e um pouco de farinha e mantimentos no outro, para no meio da rua, e pega o celular.
Amparo olha para o número do advogado na tela do celular.
Hesita. Olha para o lado e vê um Cassino reluzente.
Decide entrar.

INT. NOITE. CASSINO LETICIA

Amparo compra apenas uma ficha no cassino. Coloca na maquininha.
Perde.

AMPARO
Sabia.

Amparo saca seu celular e liga pro ADVOGADO.

AMPARO
Hola senhor advogado. Acá és Amparo
Baqueiro Aires, si, si.
Isso, Bien. Exatamente. Mañana passo aí
para assinar. Listo.
Gracias.

Desliga o telefone. Sai de sua cadeira, no Cassino.

EXT. NOITE. PRACA PRINCIPAL DE LETICIA

Amparo passa pela praça central de Leticia, carregando as compras e a máquina de costura numa sacola grande de feira.
Na praça, um grupo grande de gente dança regatôn, imitando um adolescente num palquinho. Muitos se vestem com roupas coladas ao corpo, fluorescentes.
Amparo vê Fábio com Coyote, recebendo dinheiro de um capanga na grade. Vai até eles.

AMPARO
Tu, que haces aqui?

FÁBIO
Nada.

AMPARO
Me ajuda a carregar estas sacolas.

Ele pega algumas sacolas de mantimentos, enquanto Amparo leva a máquina de costura sob os braços.

AMPARO
Não era para estar estudando?

FÁBIO
Já estudei.

AMPARO
Mas estudar não acaba nunca, sempre
tem mais coisa para aprender.

Andam um pouco.

AMPARO
Quanto é 8 vezes 6?

Fábio responde prontamente.

FÁBIO
48.

AMPARO
9 vezes 7?

FÁBIO
63.

AMPARO
3 vezes 15?

FÁBIO
45.

Vão se distanciando, enquanto testam as tabuadas.

EXT. NOITE. PORTO DE LETICIA

AMPARO
Uhm. Imagina o que seu pai vai pensar
vendo você dando bobeira por aí?

Fábio dá de ombros, como seu pai.

AMPARO
Que isso?

FABIO
Nada.

AMPARO
Atrevido.

Amparo puxa brincando as orelhas dele, dando uma súbita risada, abraçando-o. Ele reclama, mas ri também.

AMPARO
Não sei quem você puxou fazendo isso.

Fábio sorri, continuam caminhando. Amparo sorri também.

INT. NOITE. CASA DO PRESIDENTE DA ISLA DE LA FANTASIA

Abuelita, Amparo, Núria e Fábio, de banho tomados, com cabelo lambido, chegam atrasados na Assembleia na casa do SR.. Presidente da Isla de la Fantasia. SR.. Sisisi, Exlendy, e outros personagens da ilha também estão ali e ouvem ao senhor Presidente, que fala.

PRESIDENTE DE LA ISLA
Querem transformar esta ilha num enorme spa com cassino.
Nem o Brasil, nem a Colômbia, nem o Peru nos reconhece como parte de seu território. O que faz esta ilha ser perfeita para lavarem dinheiro. Estão oferecendo 6 milliones de pesos, ou 7 mil reais, por cada casa.

Murmurinho entre as pessoas que o ouvem.

ALGUÉM NA ASSEMBLEIA
É muito pouco! Onde vamos viver com isso?
Não dá nem para construir outra casa!

Alguns concordam.

ALGUÉM 5 NA ASSEMBLEIA
Si, mas ao menos com o cassino vamos ter mais empregos aqui! E não é só um cassino, mas um cassino com Spa e tudo!

Outros concordam.

ALGUÉM 6 NA ASSEMBLEIA
Que empregos? Vão é só trazer gente que fala inglês... duvido que contratem gente da gente...

Outros concordam.

ALGUÉM 5 NA ASSEMBLEIA
Contratam sim... Podemos fazer um acordo...

ALGUÉM NA ASSEMBLEIA
Acordo? Você vai trocar a sua casa por um emprego de merda? O salário nem vai ser suficiente para pagar um aluguel em Leticia!

ALGUÉM 5 NA ASSEMBLEIA
Emprego de merda pra você que ja está empregado! Tem cada vez menos peixes neste rio, que está a cada ano mais baixo... daqui a pouco seca de vez. Meu filho está desempregado faz mais de ano... Já não está dando para dar de comer a todos los niños...

ALGUÉM 3 NA ASSEMBLEIA
Precisamos aproveitar a seca e plantar mais bananas, mandioca...

ALGUÉM 6 NA ASSEMBLEIA
A gente planta, mas sem chuva também não nasce nada.... Ao menos com um salário dá para ir a um supermercado...

ALGUÉM 7 NA ASSEMBLEIA
Dá para fazer um supermercado mas não dá para pagar um aluguel em Leticia, nem em Tabatinga ou

Santa Rosa! Vamos ter que achar outra ilha por aí ou morar embaixo de uma ponte...

Murmurinho das pessoas discutindo entre si.

ALGUÉM 2 NA ASSEMBLEIA
Se não aceitarmos, o que vão fazer?

PRESIDENTE DE LA ISLA
Corremos o risco de mandarem o exército para cá.

Abuelita, a mais velha dali, toma a palavra.

ABUELITA
Senhor presidente, o senhor me desculpe, mas fazem 30 anos que vivo aqui. Desde que esta ilha surgiu no meio do nada, entre o Peru, a Colômbia e o Brasil. Vocês todos me conhecem. Eu nasci numa aldeia indígena, no lado brasileiro. Nos expulsaram de lá.
Depois fui pro lado peruano. Nos expulsaram também. E vivem nos expulsando de toda parte. Eu, daqui, só saio morta.

Muitos concordam.

ABUELITA
Quando o prefeito de Leticia veio aqui, dizendo que ia ter que nos tirar, eu disse para ele "senhor prefeito, nós somos seres humanos. Não podem nos jogar de um lado para o outro como se fossemos basura. Eu, daqui, só saio morta.

Todos concordam.

PRESIDENTE DE LA ISLA
Então o que respondemos para eles?

ABUELITA
Que la Isla de La Fantasia não está à venda.

Aplaudem, concordando.

ALGUÉM 3 NA ASSEMBLEIA
E se vêem com o exército ou os paramilitares nos tirar daqui, como fazemos? Vamos ter que nos organizar...

Amparo olha para Fabio e Nuria, que, como outras crianças ali, prestam atenção na conversa.

PRESIDENTE DE LA ISLA
Pero, cautela, senhores. Faz quase uma década que não temos nenhum massacre por aqui. Não queremos a volta da violência.

ALGUÉM 4 NA ASSEMBLEIA
Ninguém quer violência. Mas que nos deixem em paz!

A Assembleia concorda.

PRESIDENTE DE LA ISLA
Bom, todos concordam?

A maioria da Assembleia faz que sim.

PRESIDENTE DE LA ISLA
Vou passar então ao prefeito nossa decisão. E isso nos leva ao segundo ponto previsto para a Assembleia de hoje, que é o tratado de paz. Vocês sabem que domingo vai ter o plebiscito, e gostaria de discutir com vocês alguns pontos... todos conseguiram ler o documento?

Alguns fazem que sim, outros que não.

ALGUÉM 5 NA Assembleia
Ih, isso daí não vai dar em nada...

PRESIDENTE DE LA ISLA
Bom...

EXT. DIA. CASAS DA ISLA DE LA FANTASIA

A água do rio está nos pés das palafitas das casas. As pessoas se movem em canoas entre elas.

EXT. DIA. VENDA DO SENHOR SISISI NA ISLA DE LA FANTASIA

Na televisão da venda passa uma reportagem sobre o processo de paz na Colômbia na qual a repórter enfatiza o valor da democracia, e pessoas discutem o ponto polêmico do tratado de paz, no qual as Farc-EP terão dois mandatos com participação no congresso e poderão formar um partido político para participarem das eleições.
Um HOMEM bebe cerveja enquanto vê, descrente, a televisão.
Muda a reportagem e segue para processo de impeachment da presidenta do Brasil Dilma Rousseff. A repórter deixa claro que o Ministério Público não encontrou nenhuma prova de crime contra a presidenta que está sendo deposta.

EXT/INT. DIA. BEIRA DO RIO NA FRENTE DA VENDA DO SR. SISISI

Nuria está sentada numa canoa, sozinha, próxima à venda.
A água está nos pés da palafitas.

EXT. DIA. BARCOS ABANDONADOS
Do outro lado do rio vê os barcos abandonados, cheios de água.

EXT. DIA. RIO/PORTO DE LETICIA

Em outro ponto, vê Fábio e Coyote carregando uma canoa com caixas de produtos falsificados no porto de Leticia.

EXT/INT. DIA. BEIRA DO RIO NA FRENTE DA VENDA DO SR. SISISI

Exlendy se aproxima com um chupe chupe (suco congelado num saquinho) e senta-se ao lado dela.

EXLENDY
Quer?

Núria faz que não. Exlendy bebe, enquanto observa o que a amiga vê ao longe, no rio. Silêncio.

EXLENDY
Hoje à noite, vai ter uma Assembleia de fantasmas
aqui na ilha. Você que ir?

Núria olha para a amiga, estranhando.

EXLENDY
Vão ler o tratado de paz, e ver o que os mortos
pensam - se nos aconselham a votar sim ou não
no plebiscito de domingo.

Núria continua olhando para a amiga, escutando sua conversa louca.

EXLENDY
Hai que honrar a los muertos, no?

Exlendy oferece novamente chupe-cupe para Nuria, que refuta novamente, voltando a contemplar o rio.
Exlendy observa a canoa com Fabio e Coyote se afastando na água.

EXLENDY
Que bom que seu irmão já arrumou um emprego, heim?

Núria franze a testa, observando-os.

EXT. DIA. RIO EM FRENTE AO PORTO DE LETICIA

Fabio e Coiote deslizam pelo rio em uma canoa onde encontram-se várias caixas de tênis fluorescentes, com leds, DVDs piratas, equipamentos eletrônicos, e outros produtos falsificados, reluzentes.

EXT. DIA. CASA NO RIO DO CLIENTE DE COYOTE

Coyote, sem sair do barco, mostra algumas variedades de tênis novos para Jorge (60), semi nu, na janela de uma casa, na beira do rio. Crianças pulam dos telhados das casas para a água, brincando. Fábio tenta ajudar Coyote na venda.

COYOTE
Mira senhor Jorge, llegaran nuevitos,
te puedo hacer cada uno por 90 mil pesos!

JORGE, CLIENTE DE COYOTE
Que marcas tienes?

COYOTE
Todas las marcas!

Coiote mostra uma caixinha onde se encontram diversas marcas para colar nos tênis.
Ele faz um sinal para Fábio.

FABIO
Se comprares dois te podemos hacer un desconto.

JORGE, CLIENTE DE COYOTE
No, no puedo. Está muy caro!

COYOTE
Como caro, señor Jorge, que su hermana puede vender por 200 mil pesos en Bogotá.

JORGE, CLIENTE DE COYOTE
Si, pero no sé quando mi hermana vá para alla....

COYOTE
Más és mejor se assegurar, y ya guardar o produto, no? No se sabe quando vamos a tener otros así, tan buenos...

Jorge analisa os tênis. Alguns, de criança piscam com luzinhas. Fabio sorri, ao vê-las.

FABIO
Mira que temos camisetas que van muy bien con estes!

JORGE, CLIENTE DE COYOTE
No, gracias. Ahora no puedo.
También estoy esperando receber de otra entrega...
Passa manãna que quiça ya lo tenga tudo arreglado...

COYOTE
Pero mañana ya lo teremos vendido todo en Tabatinga.

JORGE, CLIENTE DE COYOTE
Paciencia...

Jorge devolve os sapatos.

FABIO
Y um bilhete de loteria? todos necessitamos de un poco de suerte en la vida, no?

Jorge sorri.

JORGE, CLIENTE DE COYOTE
No, no tengo plata.

COYOTE
Pero tenemos crédito!

O senhor pensa um pouco, e resolve comprar.

JORGE, CLIENTE DE COYOTE
Bem, me veja 3. Para vocês não dizerem por aí que sou mal educado.

Coyote sorri e passa os bilhetes para ele.

COYOTE
Y nada de Tenis hoy?

Jorge faz que não com a cabeça.

FABIO
Y una película para acompañar?

Jorge vê os títulos que tem, e fica com dois DVDs.

EXT. DIA. CASAS ALTAS DE PALAFITAS

Coyote e Fábio passam de canoa por mais casas, com água nos pés das palafitas.
Coyote ensina para Fábio sua arte de vendedor.

COYOTE
Hai que aprender a leer los ojos. Cuando se cruzan para fuera o para ariba no hai negocio; pero si se entran para adentro, para donde se lleva los produtos y se quedan como pensando, hay compra. No falla. Es la primera clave. La segunda llega cuando dicen no, no hay con qué. Todo mundo decimos así para bajar bandera. Es como una manera de se decir sí, sin que se note la gana. Por ahí la puerta se abre y, a veces, bien aberta.

Seguem remando pelo rio.

COYOTE
Yo he vendido miles de cosas solo con "no hay plata". Porque le decimos "pero hay credito!". Não falha nunca.

Se distanciam na canoa. Outras pessoas mais para frente acenam para que eles se aproximem.

EXT. DIA. CASAS ALTAS DE PALAFITAS

Crianças pulam do telhado e janelas das casas, direto para a água do rio, se divertindo e indo até eles.

EXT. NOITE. CASA DE AMPARO/ CANOA NA ISLA DE LA FANTASIA

Na calada da noite, Exlendy e Núria atravessam uma grama alta flutuante, numa canoa, de noite. Os acessórios e vestido fluorescente de Núria brilham, no escuro.
Passam por algumas poucas casas com energia elétrica, onde veem televisão.

EXT. NOITE. CASAS DE PALAFITAS ALTAS

Elas passam por baixo de casas de palafitas, cujos postes iluminam com a luz de suas lanternas, em silêncio. Desligam suas lanternas e seguram o riso enquanto olham para cima e veem o que as pessoas fazem, sem notá-las ali embaixo, prosseguindo vagarosamente. Saem do outro lado das casas, no rio enorme.

EXT. NOITE. CANOA NA ILHA DA FANTASIA

Exlendy e Nuria se aproximam de uma casa redonda indígena de

palafitas, onde está tendo uma assembleia. Luz azul neon sai de lá e reflete nas águas do lugar.

EXT/INT. NOITE. CASA DA ASSEMBLEIA DOS MORTOS

Exlendy e Nuria sobem as escadas da casa redonda de palafitas escondidas, de fininho, e observam, sentando-se num canto ao final da escada, quase escondidas.
As roupas das pessoas ali presentes também são fluorescentes e brilham com a luz neon do lugar.
O lugar parece uma discoteca abandonada, com um globo de brilhantes, music box e tudo o mais.
Nuria observa todos os presentes até que vê, sentado em uma das fileiras —

SEU PAI, ADÃO.

Abuelita e o Presidente de la Isla, que segura as 300 páginas do tratado de paz em suas mãos, também estão presentes.

PRESIDENTE DE LA ISLA
Todos tiveram tempo de ler o tratado, Si?

Os presentes concordam.

PRESIDENTE DE LA ISLA
Gostaríamos de saber a opinião dos senhores.

Murmurinho.

(Os próximos diálogos são apenas indicações, pois serão gravados de maneira documental com pessoas realmente envolvidas nos conflitos armados da Colômbia.)

FANTASMA 01
Importante a parte da reforma agrária, que vão deixar os camponeses nas terras e vilas onde estão. Mas quem garante que o governo vai manter a palavra deles?

FANTASMA 07
Têm que manter. Se assinaram, têm que manter. E a ONU vai vigiar.

Concordam.

FANTASMA 01
E como vai ser com o ouro, diamante, petróleo destas terras?

A assembleia não sabe responder.

PRESIDENTE DE LA ISLA
Boa pergunta.

A secretaria da assembleia anota.

FANTASMA 02 MULHER
A questão da equidade de gênero. Gostei muito disso. É importante que as terras fiquem em nome

das mulheres, que na maioria das vezes é quem
cuida das crianças.

Concordam.

FANTASMA 03
Eu não concordo que não sejam presos.

PRESIDENTE DE LA ISLA
Quem? Os paramilitares ou os guerrilheiros?

FANTASMA 03
Todos eles! Eu não tinha nada que ver com isso, pagava minha vacuna direitinho, nunca me envolvi com política nenhuma, e mataram minha filha! Eles vão ficar soltos?
Fazendo trabalho voluntário? Como vai ser para minha irmã conviver com eles na rua?

FANTASMA 02
Mas podem mandar para outra cidade.

FANTASMA 03
E qual o recado para as próximas gerações?
Que pode matar todo mundo, cortar a cabeça, destroçar os membros, na frente do pai, da mãe, dos filhos, que tudo bem? Se perdoa?

FANTASMA 05
E se prender, isso vai trazer de volta
nossas famílias?

FANTASMA 03
Não, mas pelo menos fica claro os limites. Que não se pode fazer o que quiser com a vida dos outros, e seguir impunemente.

FANTASMA 02
Não existe justiça perfeita que vai nos levar à paz...

FANTASMA 04
E vão prender a cidade toda? Todas as famílias vão ter pelo menos dois ou três membros presos? Você conhece alguém que não tenha pelo menos um primo envolvido com os paracos ou a guerrilha?

Fantasma 03 faz que não.

FANTASMA 04
Então? Não temos nem tanto cárcere assim.

FANTASMA 05
Isso não vai adiantar de nada... é só uma farsa... tem muita gente ganhando dinheiro com a guerra. Quem é que quer acabar com isso? Vão legalizar o cultivo e processamento da coca? Cobrar impostos, que podem ser investidos em miles de cosas, ou vão continuar usando isso de desculpas para fomentar a guerra e terem bases militares em nosso país?

FANTASMA 06
Olha, eu também era contra o perdão, o processo de reinserção na sociedade dos guerrilheiros e paramilitares, pois mataram meu pai, nos expulsaram de nossa casa, tivemos que deixar toda uma vida para trás. Mas aí eu tive um filho, que continua vivo. E eu não gostaria que ele continuasse vivendo com estes conflitos por mais 60 anos como nosotros.

ADÃO
Eu acho que estão todos muito cansados. Se o governo cumprir com a parte deles nos quesitos de

reparação e justiça social, acredito que podemos começar a construir a paz, e as armas não serão mais necessárias... mas como o companheiro disse, não existe justiça perfeita para isso. É o amor que vai nos levar à paz. Amor ao menos, pelos que ficam.

Silêncio.

PRESIDENTE DE LA ISLA
Senhores, justamente. Precisamos saber se referendamos ou não este acordo.

ABUELITA
Quem aqui for a favor precisa comunicar aos seus parentes vivos, para que votem por la paz, e cesse la guerra.

FANTASMA 01
Mas não vamos depor armas.

FANTASMA 03
Não todas. Algumas.

Concordam.

ABUELITA
Por parte de los vivos en esta isla, precisamos saber que mais necessitan para que sigamos em paz.

Silêncio. Os rostos apreensivos de dor dos fantasmas presentes.

FANTASMA 01
Que avisem minha irmã que o filho está vivo, nos montes. Fui eu que o convenci a vir con nosotros. Vai voltar para ela, quando depuserem as armas.

A SECRETÁRIA da assembleia anota o pedido.

FANTASMA 05
Que enterrem meu corpo no Madalena. E devolvam nossa terra.
Meu marido vive com meus filhos num barraco em Bogotá. Sem nossa casa, não vai ter paz.

FANTASMA 06
Que deixem que reconstruam a escola dos nossos filhos, nossas casas, o cemitério de San Vicenzo.

A secretária anota. Olham para Adão.

ADÃO
Eu preciso ter certeza que minha família recebeu a indenização e que vai conseguir sobreviver sem mim...

Nuria chora, num súbito acesso de choro, contida. Exlendy a abraça. O Presidente da Isla vira-se para Núria e pergunta.

PRESIDENTE DE LA ISLA
E você? Precisa de alguma coisa dos vivos?

Nuria parece chocada. Respira com dificuldade. Se dá conta que também está morta. Fala baixinho.

NURIA
Avisar a minha mãe que estamos bem. E que ela não tem culpa de nada. Que tudo bem ela ter ido embora.

A secretária anota o pedido.

INT. NOITE. CASA DE AMPARO

Nuria entra em casa, de noite. A cada passo seu, entra água pelas frestras das tábuas do chão da casa. Pouco tempo depois, ADÃO entra e fecha a porta da casa. Ambos estão com roupas fluoSR.escentes.

INT. NOITE. CASA DE AMPARO - QUARTO DE CIMA

Nuria sobe no quarto dos pais. Vê sua mãe e Fábio dormindo na cama de casal. Deita-se ao lado do irmão, abraçada nele. O Pai chega em seguida e deita-se ao lado da mãe, de barriga para cima, pensativo.

FADE TO BLACK.

EXT. DIA. CENAS DE ARQUIVO - VARIAS ESCOLAS DE LETICIA (URNAS/PLEBICITO)

Imagens da TV anunciando o dia do plebiscito do acordo de paz. (material de arquivo)
Pessoas fazem filas e votam nas escolas em Leticia.
Imagens na TV dos resultados. o Não vence. Pessoas tristes, céticas, discutem o acordo. As FARC anunciam pelo Twitter que o importante é que o processo de paz começou e que eles irão continuar desmobilizados, até chegarem a um novo acordo. (material de arquivo)
Protestos por toda Colômbia pela paz, com velas, de noite. (material de arquivo).

FADE TO BLACK

EXT. NOITE. FESTA NA PRAÇA ANACONDA/BARRACA DE AREPAS

Amparo, com cabelo bem mais comprido, vende arepas na festa de confraternização das fronteiras. Muitas pessoas compram dela. Fabio a ajuda. Está vestindo o chapéu de cowboy do pai.

AMPARO
Fábio, por favor, vai buscar mais refrigerante
que está acabando.

Fábio sai da banca deles e anda pela festa.

EXT. NOITE. FESTA NA PRAÇA ANACONDA/ROLETA DA SORTE

Fábio encontra Coyote apostando num jogo de roleta, no chão.
Ele ganha uma partida. Comemoram.

COYOTE
Vem! Quanto você está ganhando com a sua mãe?
Aposta aqui que você vai dobrar o que ganhou...

Fábio coloca a mão no bolso, olha para a direção em que sua mãe está.

FABIO
Hoy no puedo, mi mamá me espera.

COYOTE
Un rato y nada más.

Coyote assovia para o moderador do jogo, exibindo uma nota alta de dinheiro.

COYOTE
Este és para mi amigo!

Aposta num número. Ganham. Comemoram.
Fábio vê Carlitos passando entre as pessoas ali.

FABIO
Tengo que ir!

COYOTE
Toma — sua parte!

Coyote dá uma parte do dinheiro que ganhou para o amigo, que guarda, hesitante o dinheiro no bolso, e em seguida corre atrás de Carlitos.

FABIO
Gracias!

EXT. NOITE. FESTA NA PRAÇA ANACONDA/BARRACA DE AREPAS

Carlitos se aproxima da Barraca de Arepas, com Fábio, carregando, cada um, uma caixa de refrigerantes na mão.

GERENTE
Se o patrão me pega abrindo o mercado de noite,
estou frito.

Amparo sorri ao vê-lo.

AMPARO
Tranquilo que ninguém aqui é de contar segredos.

Eles depositam as caixas no chão. Fábio começa a guardar os refrigerantes num isopor cheio de gelo, enquanto Amparo entrega uma arepa quentinha a Carlitos, que a aprecia.

GERENTE
Estan deliciosas.

Amparo sorri.

AMPARO
Perdiste la oportunidad de ganhar mucha platita.

O gerente sorri.
Fábio olha desconfiado pro gerente.

FABIO
E quando a gente vai pro Brasil, mamá?

AMPARO
Não sei. Vem, me ajuda aqui.

Ela passa uma espátula para Fábio, que vira umas arepas na chapa do forno quente, com agilidade.

EXT. NOITE. CASA DE AMPARO

Amparo e Fábio chegam de canoa até a sua casa, de noite, passando pela varanda, inundada pelo rio.

INT. NOITE. CASA DE AMPARO

Abrem a porta de casa, que está toda inundada, com os poucos móveis suspensos sobre tábuas de madeira. Caminham pelas tábuas como pinguelas.
Encontram Abuelita dormindo na rede, suspensa. Levam um susto.

AMPARO
Abuelita?

Ela acorda. Está abraçada com uma carta.

ABUELITA
Mira, llegó para ti esta tarde. No queria esperar
hasta mañana para entregartela.

Amparo abre a carta. Fica surpresa em silêncio.

FABIO
Que foi?

Ela se emociona.

AMPARO
Encontraram o corpo de Adão e Nuria! Vão mandar para cá.

Fábio abraça a cintura da mãe.

INT. DIA. ESCRITORIO DO ADVOGADO

O advogado entrega uma caixa de papelão relativamente pequena para Amparo.

ADVOGADO
Isto foi o que sobrou. Disseram que estavam abraçados. Que traga paz para a sua família.

Amparo recebe a caixa, ao lado de Fábio.

ADVOGADO
E o visto de vocês. Foi aprovado.

Ele entrega uns papéis para ela, que assina, com o visto para o Brasil.

INT. NOITE. CASA DE AMPARO

No andar de cima da casa, Amparo e Fábio separam as roupas de Adão e Nuria, tirando-as do armário e jogando as sobre a cama. Algumas peças são fluorescentes.
Abuelita está com eles. Amparo entrega a metralhadora para ela.

AMPARO
Creo que não vamos mais precisar disso.

Abuelita pedura a metralhadora no ombro com naturalidade, e continua ajudando-os a separar as roupas.

ABUELITA
Ojalá.

EXT. NOITE. CASA DE AMPARO /CANOA

Amparo, Fábio e Abuelita saem da casa e entram na canoa na varanda, carregando numa mala os pertences da filha e do marido, assim como a caixa com seus ossos, enfeitada com um tecido bordado e flores de plástico.
Várias pessoas da Ilha esperam do lado de fora, entre eles o Presidente da Isla, Exlendy e Maria, com as crianças.

EXT. NOITE. RIO ENTRE AS CASAS DE PALAFITAS ALAGADAS

Amparo, Fábio e Abuelita flutuam numa canoa, entre as casas de palafitas. Maria e as crianças em outra. O Presidente da Isla e Exlendy vão em outra, entre outras canoas fazem uma procissão de barcos que se distanciam entre as casas, com suas lanternas e lamparinas.
Alguns levam malas, retratos e pertences de outras
pessoas nas canoas.

EXT. NOITE. CANOAS NO FINAL DO RIO

Amparo e Fábio depositam num pedaço de chão de madeira flutante as roupas de Adão e de Núria, e a caixa com seus ossos. Algumas outras pessoas fazem o mesmo, com outras roupas, e objetos.
Atam fogo.
Abuelita começa a puxar uma música xamânica. As demais pessoas da

comunidade se unem a seu canto.
Voltam para sua canoa.
Amparo e Fábio observam o fogo.
As canoas estão em círculo em volta do chão flutuante com a fogueira no meio.
Índios com pinturas, colares e cocares em neon aparecem entre a comunidade que canta.
Em seguida, aparecem também, entre as pessoas que cantam nas canoas, os fantasmas da assembleia com pinturas indigenas fluorescentes nos rostos.
Na canoa de Amparo, Fábio e Abuelita, aparecem Adão e Núria.
Fecham os olhos, e suas pálpebras reluzem fluorescentes.

BLACK

DEDICADO A TODOS AQUELES QUE VIERAM ANTES DE NÓS,
E OS QUE VIRÃO DEPOIS DE NÓS.

CRÉDITOS FINAIS.

STORYBOARD

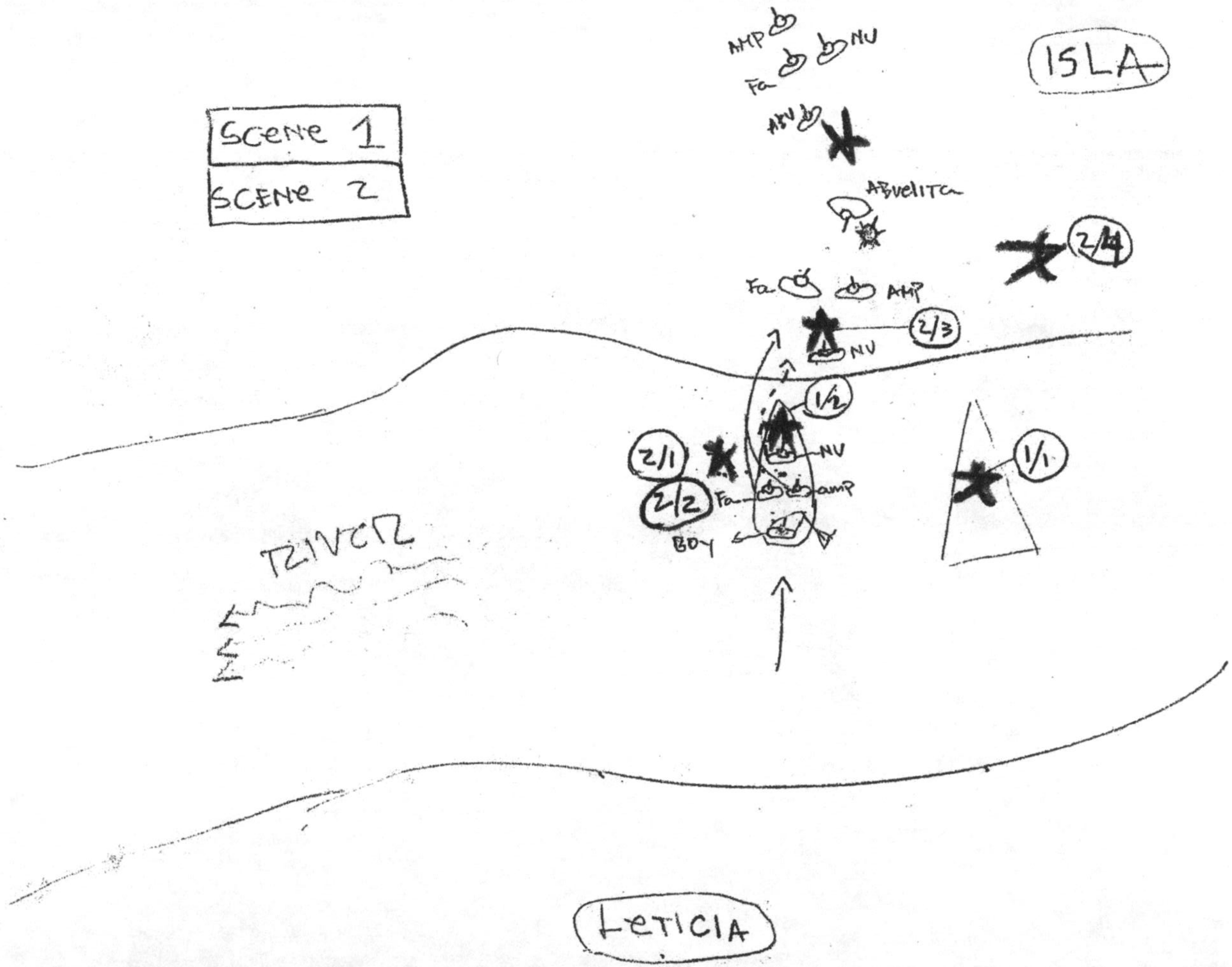
ISLA
Scene 1
SCENE 2
AMP
NU
Fa
ABU
ABUELITA
2/4
Fa
AMP
2/3
NU
1/2
2/1
NU
2/2
Fa
amp
BOY
1/1
RIVER
LETICIA

1

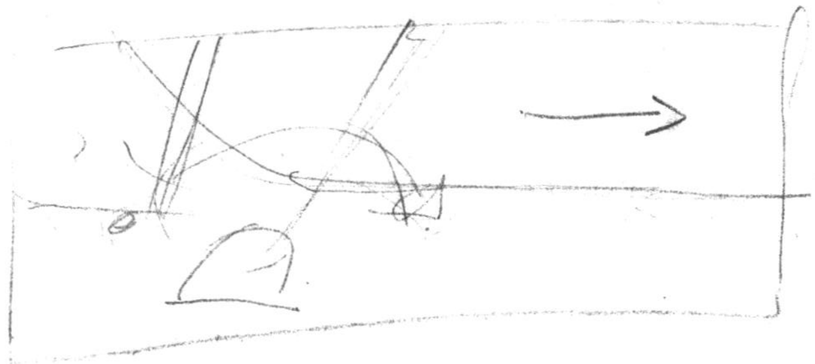

2

Som de barco peque-peque (voadeira), se aproximando devagar, no meio da noite.

CREDITOS INICIAIS

Leterring:

"As vezes, achamos que guardamos um segredo, mas é o segredo que nos guarda."

EXT. NOITE/MADRUGADA. BARCO A REMO 1

Um barco ~~peque-peque~~ A REMO se desloca devagar por um rio largo, na calada da noite, até chegar a uma ilha.

Amparo (42), mulher forte com traços indígenas, cabelo longo preto, Núria (11) e Fabio (9) estão sentados com suas malas na canoa, conduzida por um senhor magro, que segura uma lanterna.

A água do rio está baixa e evapora na madrugada.

2 EXT. NOITE/MADRUGADA. ISLA DE LA FANTASIA/ BARRANCO DE CHEGADA 2

Eles chegam ao barranco da Isla de La Fantasia, onde uma senhora com uma lanterna os espera, em meio à névoa do lugar. Descem da Canoa.

Abuelita (70), mestiça indigena, brasileira, os recebe, emocionada.

2.

2 CONTINUED: 2

Abraça Amparo, quase chorando, quando esta sai do barco.

ABUELITA

Yo no creo! No creo que están vivos!

Fabio, agarrados às suas malas e mochilas olham uelita estranhando-a.

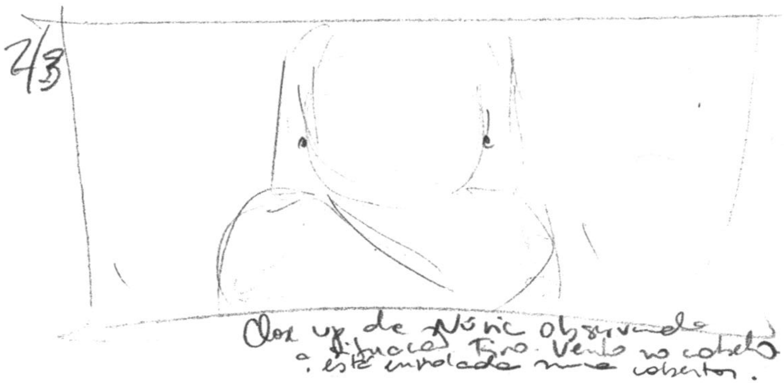

Nuria tem brincos minusculos fuorescentes.

ABUELITA

Tu hijos?

Amparo faz que sim.

ABUELITA

Que suerte que llegaran aquí!! Que suerte! Ben venidos! Vengam!

Ela beija e abraça Fábio e Nuria ao mesmo tempo, ajudando-os a subir a encosta com as malas.

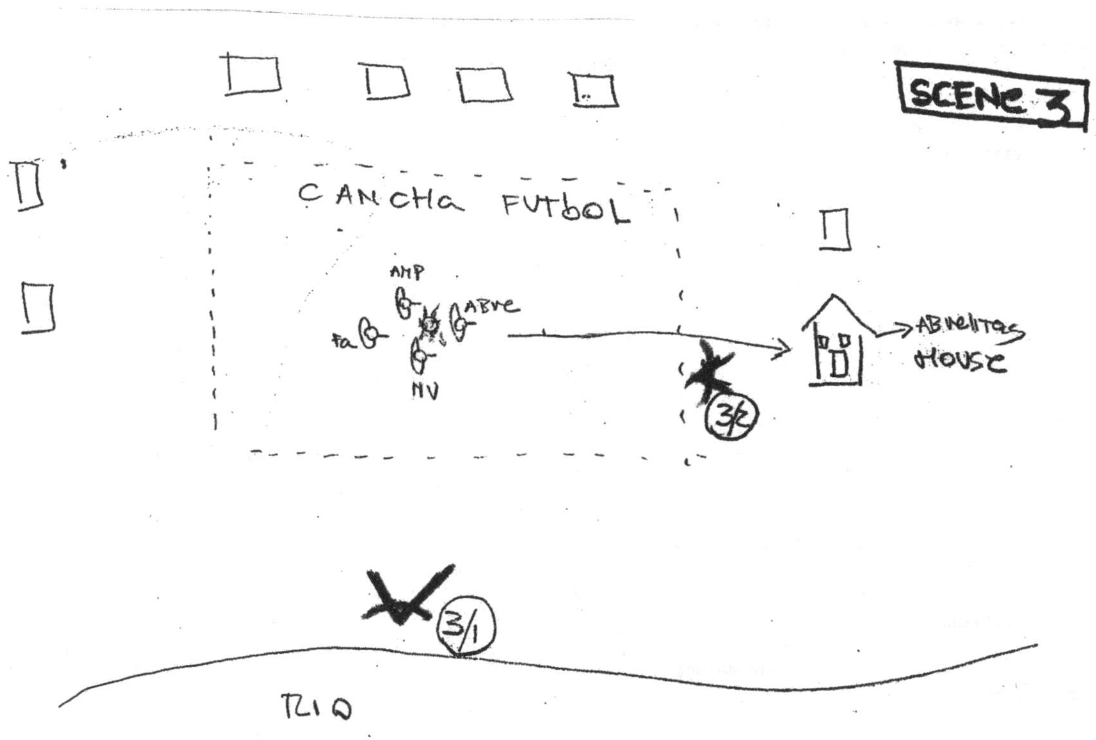
SCENE 3
CANCHA FUTBOL
AMP
ABRE
FA
NV
ABUELITOS HOUSE
3/2
3/1
RIO

3

EXT. NOITE/MADRUGADA. ISLA DE LA FANTASIA/CAMPINHO DE FUTEBOL

Atravessam um campinho de futebol vazio, na penumbra da madrugada, indo em direção à casa da Abuelita.

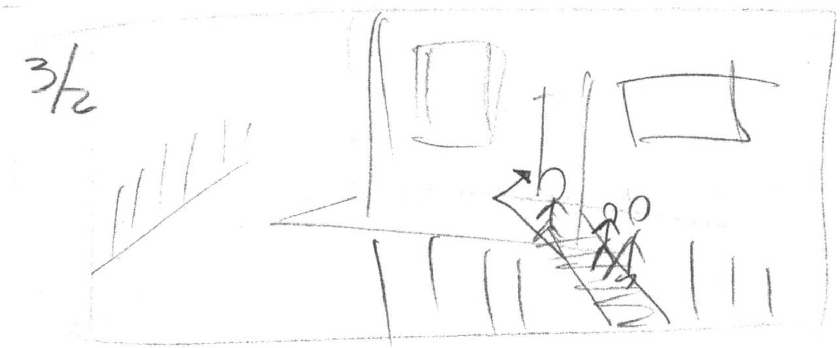

Sobem as escadas de uma casa grande de palafitas, de dois andares, onde moram diversas famílias.

SCENE 4
NV
FA
AMP
4/1
ABUELITA
4/2

4/1A

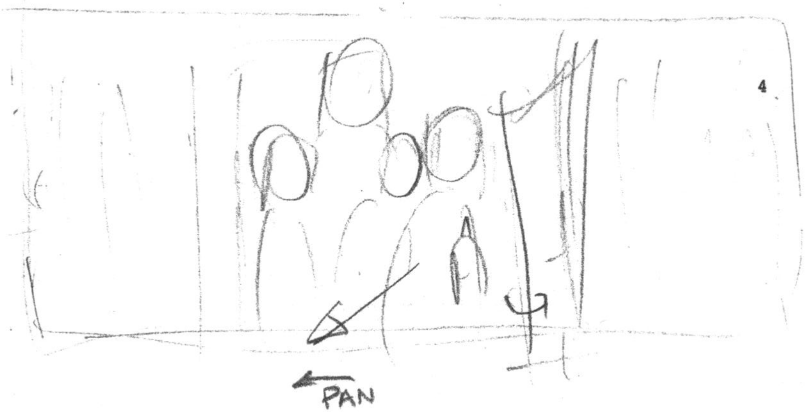

4 EXT/INT. NOITE/MADRUGADA. CASA DA ABUELITA 4

Abrem a porta. Abuelita segue em direção à mesa.

4/1B

MARIA, indígena de uns 50 anos, ~~checa o horário em seu celular: 4 AM, olha para Amparo, que está apreensiva.~~
Algumas pessoas dormem num colchão no chão.

Abuelita acende um lampião a gás na mesa.

Muitas panelas penduradas na parede refletem sua luz.

Abuelita, murmurando sozinha, pega uma chave pendurada na parede, perto à mesa da cozinha, um jogo de lençois e duas toalhas que estão dobradas sobre a mesa e vai em direção à porta, seguida por Amparo e seus filhos.

ABUELITA

Vengan! Te voy mostrar esta casita en contrucion acá detrás... pero se hace frio pueden quedarse aqui con nosotros... sempre hay un cantito.

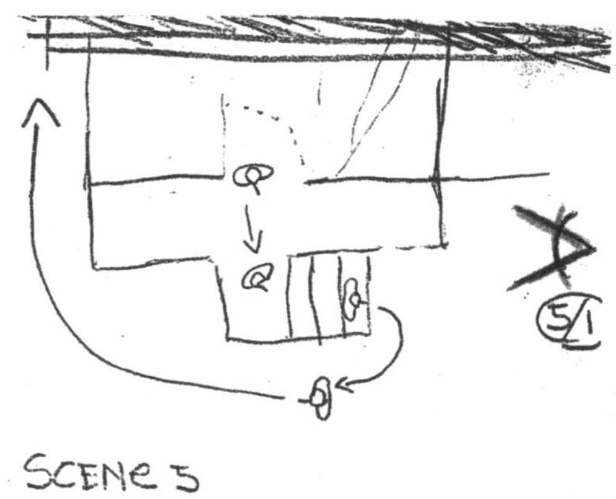

5 EXT. NOITE/MADRUGADA. CASA DA ABUELITA/ARREDORES

Eles descem da casa da Abuelita e viram a esquina.

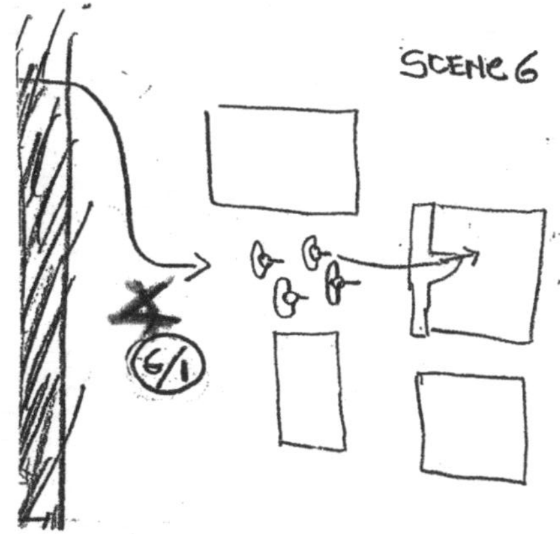

6/1

6 EXT. NOITE/MADRUGADA. CASA DE PALAFITAS 6

Sobem numa casa parcialmente construída. Abuelita abre a porta.

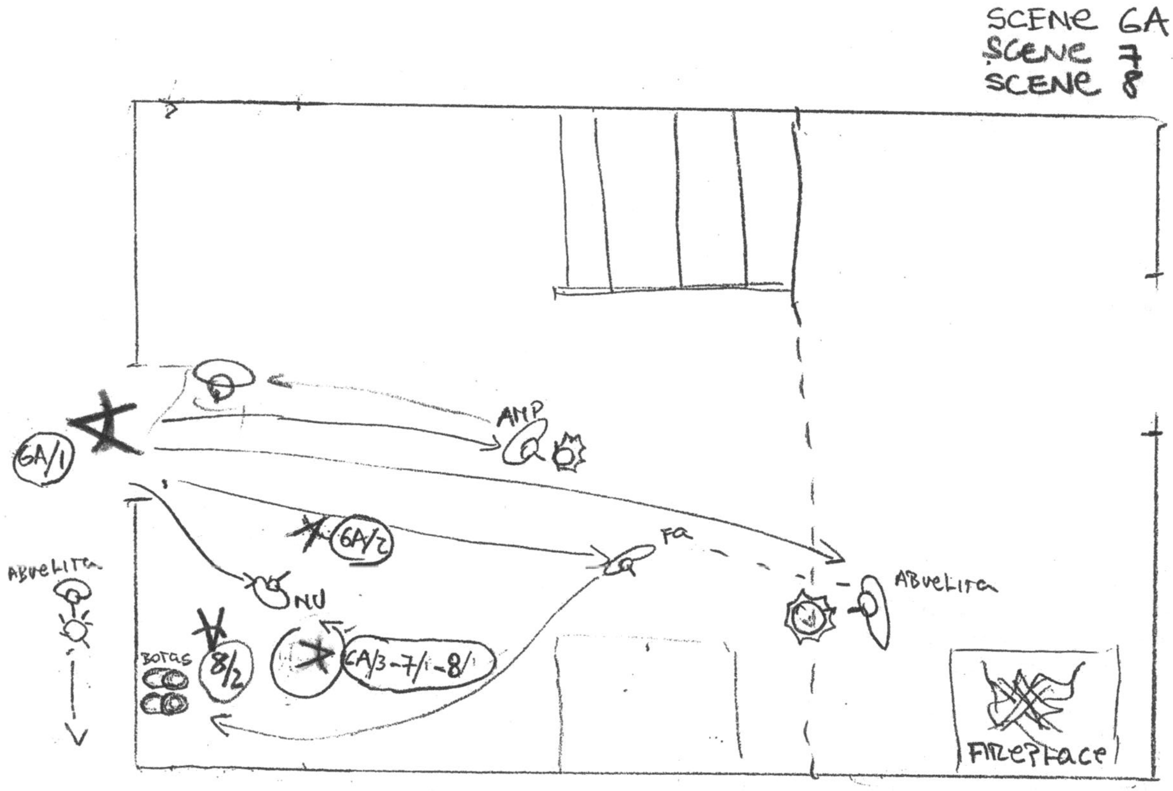
SCENE 6A
SCENE 7
SCENE 8
6A/1
AMP
6A/2
Fa
NU
ABUELITA
Botas
8/2
6A/3-7/1-8/
ABUELITA
FIREPLACE

6A INT. NOITE/MADRUGADA. CASA DE PALAFITAS

A casa é de dois andares, tem algumas janelas e uma parede fechada por plásticos.

Na sala de entrada tem uma mesinha, uma rede, um fogareiro, um sofá velho e quase nenhuma panela na parede, onde também figura um calendário antigo, e uma foto esquecida de outra família.

ABUELITA

Ellos tuviran que huir, pero le cuidamos, como podemos.

AMPARO

Gracias tía, muchas gracias...

Abuelita deixa as chaves, o lampião a gás, a troca de lençois e toalhas lavadas com Amparo e sai da casa.

Amparo fecha a porta.

8/1

8/2

OMITTED 7

INT. NOITE/MADRUGADA. CASA DE PALAFITAS 8

Nuria observa Abuelita se distanciando pelas frestras das paredes de madeira, que rangem.

Observa que tem frestras largas inclusive no chão da casa.

Fábio pega umas botas de couro, sujas de terra, que estão num canto, no chão.

FABIO
Mirá mamá, igualitas las de papá!

AMPARO
Não mexe! Deixa onde você encontrou!

Fábio tenta vestí-las.

FABIO (O.S.)
Quase me servem, como las de papá.

AMPARO
Guarde onde você achou. Vem, me ajuda a fazer a cama.

Amparo abre o lençol que Abuelita deixou, levantando poeira do lugar ao sacudí-lo.

BLACK COM TÍTULO DO FILME "LOS SILENCIOS"

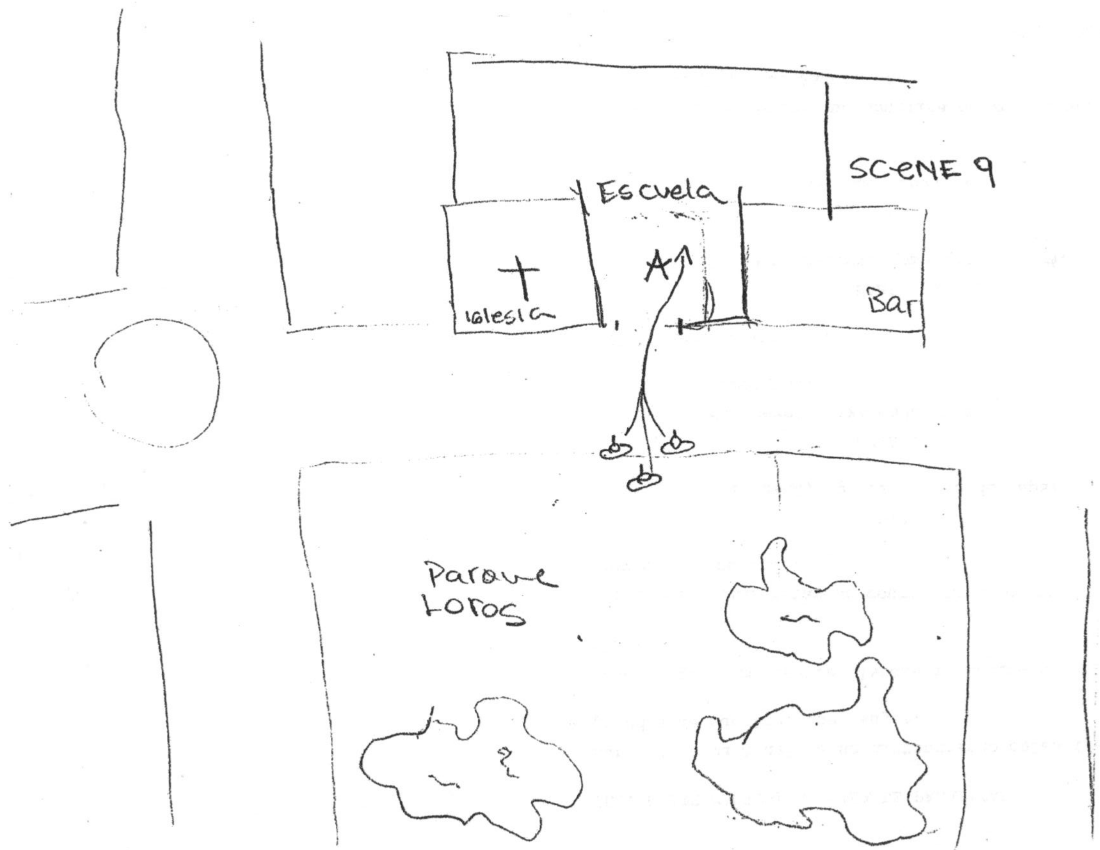
SCENE 9
Escuela
Iglesia
A
Bar
Parque
Loros

EXT. DIA. PRAÇA NA FRENTE DA ESCOLA 9

Amparo se encontra do outro lado da rua, com Fabio e Nuria de cabelos molhados, penteados, de banho tomados, prontos para ir para a escola.

Muitas motos, carros e tuk tuks passam na frente deles, levantando poeira vermelha.

Assim que o fluxo diminui, eles atravessam.

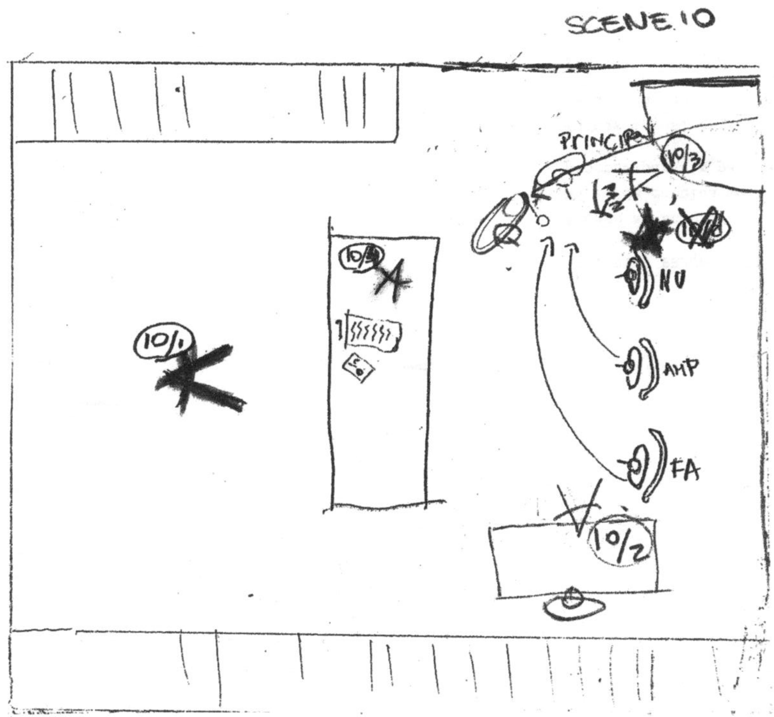
SCENE 10
PRINCIPAL
10/3
NU
AMP
FA
10/2
10/1

INT. DIA. SALA DO DIRETOR DA ESCOLA 10

Amparo, Fabio e Nuria esperam, sentados, na sala do diretor da escola. Nuria, além dos brincos, usa também uma pulserinha fina, de plastico, fuorescente. Atrás deles tem uma janela larga de vidro, e ao seu lado trabalha Ana Maria, secretária escolar, sentada em sua mesa.

O ventilador do lugar mal alivia o calor úmido e abafado de onde estão, em plena floresta amazônica. As paredes estão descascadas e com infiltração. Livros e pastas estão empilhados sobre armários, por toda parte.

Abre a porta, o DIRETOR DA ESCOLA, (50), aparece e entra na sala, carregando umas pastas e papéis.

Amparo e as crianças se levantam. Amparo estende para ele, automaticamente, uns papeis preenchidos, e o documentos do Fábio.

O diretor checa, de pé, próximo à porta, olhando de vez enquando para as crianças.

DIRETOR DA ESCOLA

Listo. Que buenas notas. Só precisa de uniforme.
Se necessitam de refeição precisam preencher um formulario adicional, pôis o governo só nos manda para 600 crianças, e no momento, com tantos desplazamentos, já temos mais de 2500 aqui.

10/3

P.O.V. Núric
← PAN

10/4

AMPARO

No necessita.

Toca o sinal da escola.

DIRETOR DA ESCOLA

Ok. Ele já pode ir para a sala, se quiser, que a turma dele é agora.

Amparo concorda. Diretor pede para a ANA MARIA, secretária escolar.

DIRETOR DA ESCOLA

Ana Maria, leve ele para a terceira serie.

Ana Maria levanta-se e leva Fábio e alguns papéis consigo.

DIRETOR DA ESCOLA

Semana que vem, sem falta, já precisa vir com o uniforme. Se não, não entra.

AMPARO

E onde compramos?

O diretor pega um papel em sua mesa para anotar um endereço.

DIRETOR DA ESCOLA (O.S.)

Aqui. Fala com ela, na rua aqui de trás da escola.

AMPARO (O.S.)

Gracias.

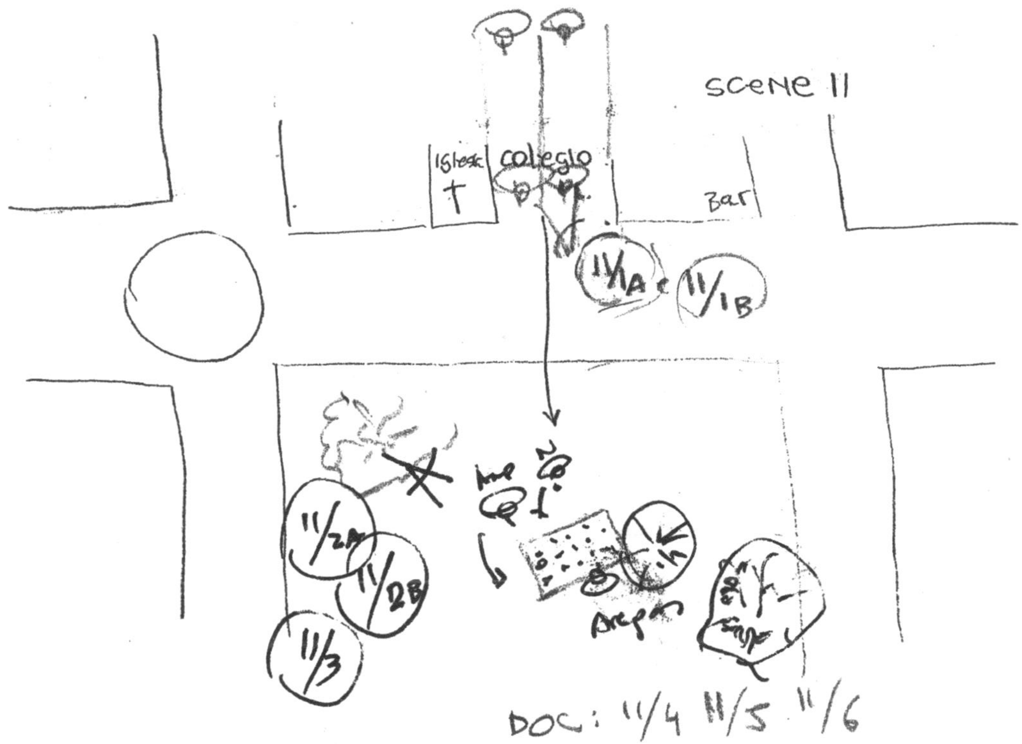
SCENE 11
Iglesia
Colegio
Bar
11/1A
11/1B
11/2A
11/2B
11/3
Arepas
DOC: 11/4 11/5 11/6

11/1A

11/1B

Amparo e Núria olham p/ cima ouvindo o som dos pássaros

EXT. DIA. PRAÇA NA FRENTE DA ESCOLA / Saída escola normal 11

Amparo e Nuria saem da escola normal passam por uma praça, na frente da escola, cheia de pássaros estridentes.

Os escutam e olham para cima.

Cruzam com uma VENDEDORA DE AREPAS, com seu fogareiro debaixo de um grande guardasol colorido. Amparo pára por um segundo.

AMPARO
Tens recheada de queijo?

VENDEDORA
No.

AMPARO
Verdad?

A vendedora faz que sim.

NURIA
Que lástima. São as melhores.

AMPARO
Uma normal, então, por favor.

A Vendedora entrega para Amparo, que a divide ao meio ainda quente, esfumaçada.

11/3

Close up de Núria comendo Arepas

11/4

Vendedor 01

Come ali mesmo, observando o movimento da praça, com diversos imigrantes vendedores de churros, pássaros de brinquedos, entre outras coisas.

DOC

11/5

DOC

Vendedor 2

11/6

DOC

Vendedor 3

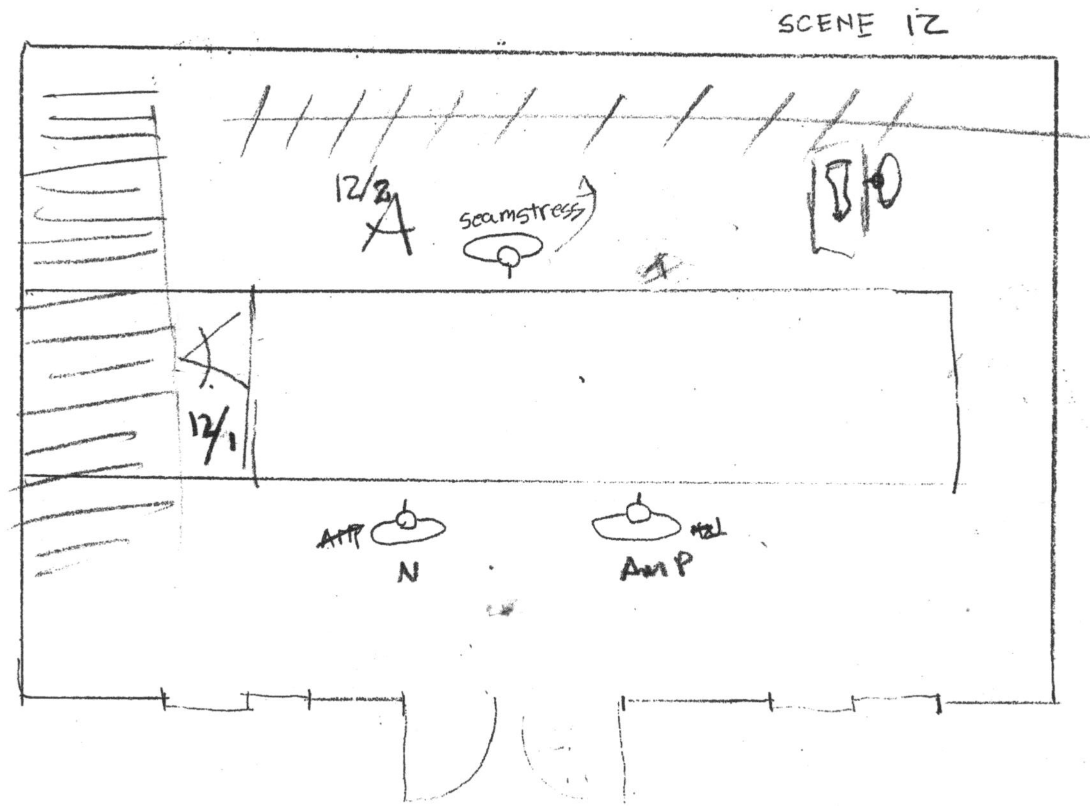
SCENE 12
12/2
A
seamstress
12/1
N
Am P

12/1

12/2

INT. DIA. CASA/LOJA DA COSTUREIRA

A COSTUREIRA mostra para Amparo e Nuria os uniformes, que tira de um varal alto, suspenso. Um rádio toca música evangélica. Ela tem elementos discretos religiosos em sua oficina.

AMPARO
E a quanto saem?

COSTUREIRA
90.000 pesos, señora.

AMPARO
No tiene más baratos?

COSTUREIRA
No señora... no tenemos.

AMPARO
Nem usados?

COSTUREIRA
No señora, no tenemos....

Amparo conta o dinheiro que carrega consigo, enquanto

Nuria passa a mão no logotipo da escola municipal costurado na camiseta dos uniformes. Na vitrine de vidro sob a roupa tem santinhos de papel.

AMPARO
Bem... me veja duas então...

COSTUREIRA
Que tamanho?

AMPARO
Grande, para utilizar bastante tempo.

A costureira separa as camisas.

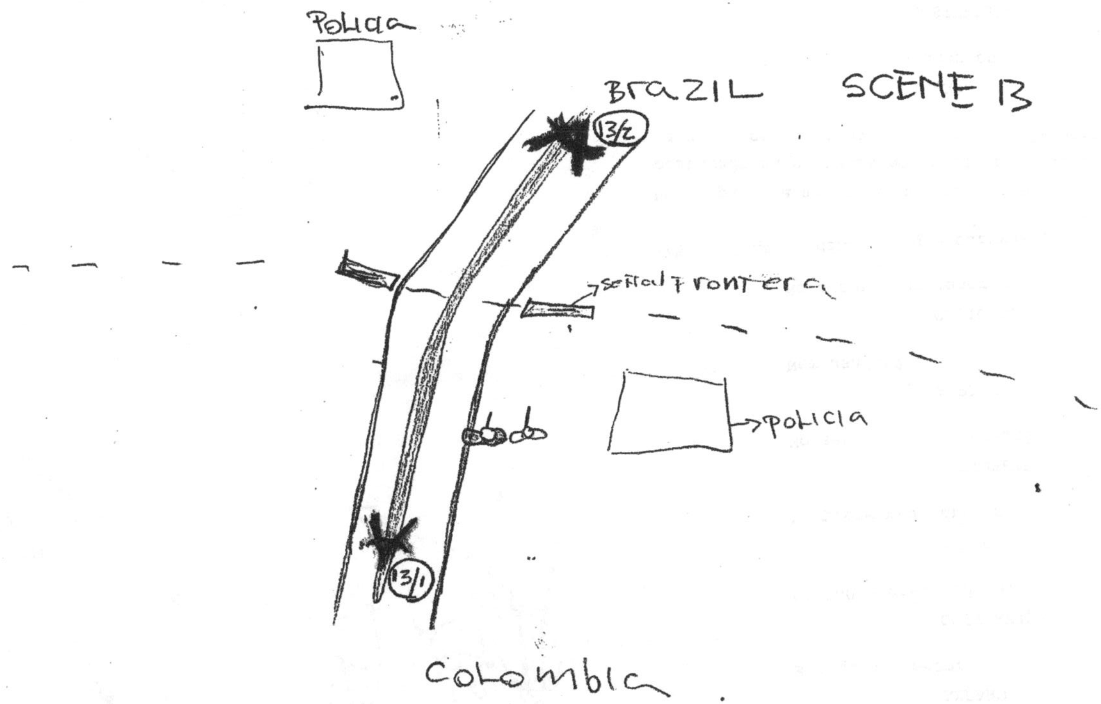
Policia
BRAZIL
SCENE 13
13/2
señal frontera
policia
13/1
Colombia

13/1

13 EXT. DIA. PLACA DA DIVISA ENTRE O BRASIL E A COLOMBIA 13

Amparo e Nuria caminham na avenida passando pelo,marco que divisa Leticia e Tabatinga, Colombia e Brasil, onde se lê "Bem Vindos ao Brasil" de um lado e

13/2

"Bem Vindos a Colombia" do outro. Muitas motos, carretas e tuk tuks passam de um lado para o outro, levantando poeira vermelha.

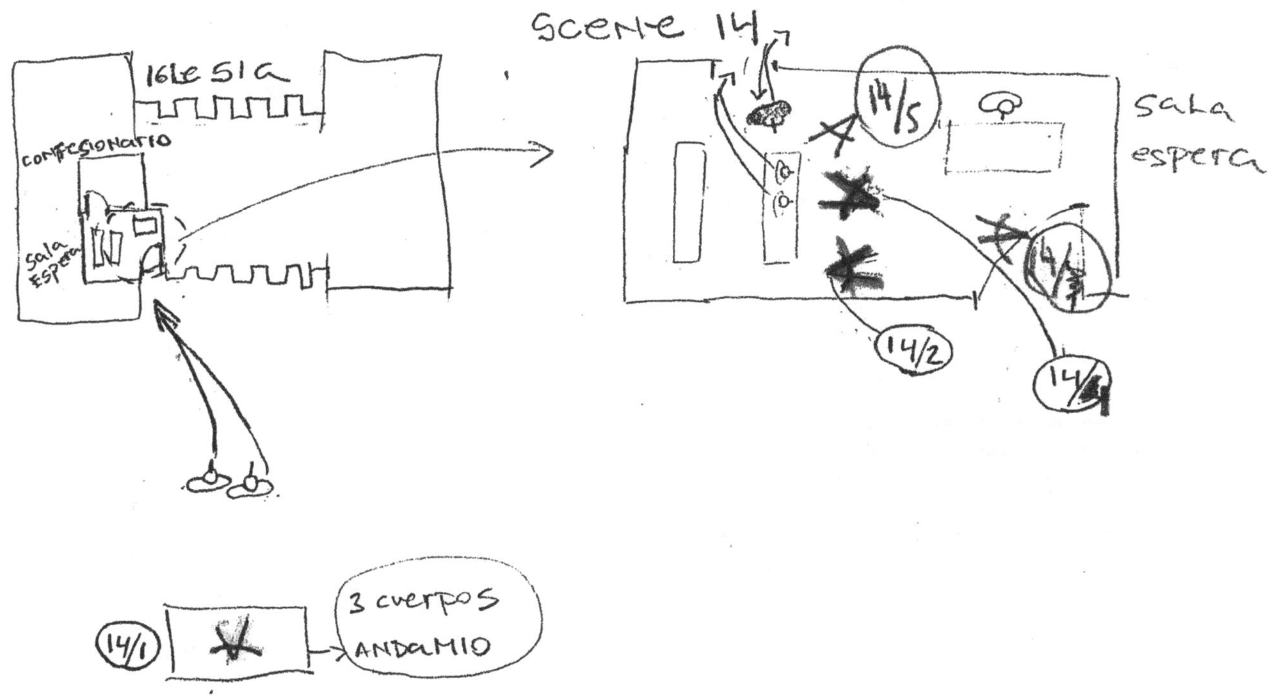
Scene 14
IGLESIA
CONFESIONARIO
Sala espera
14/5
14/2
Sala espera
3 cuerpos
ANDAMIO
14/1

8/1

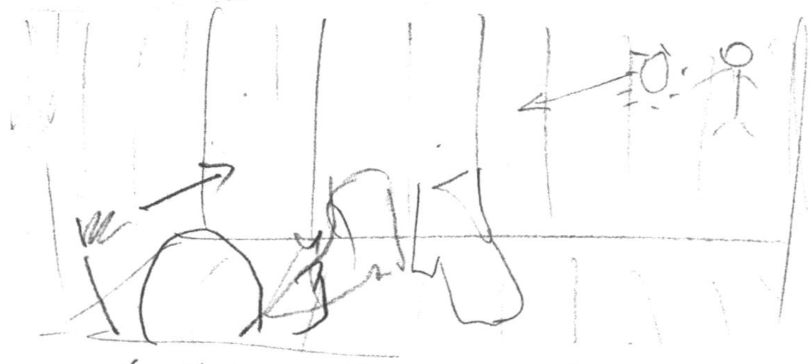

Fábio entra no quadro TILT DOWN↓ P.O.V de Nuria

8/2

P.O.V. de Fábio

OMITTED 7

INT. NOITE/MADRUGADA. CASA DE PALAFITAS 8

Nuria observa Abuelita se distanciando pelas frestras das paredes de madeira, que rangem.

Observa que tem frestras largas inclusive no chão da casa.

Fábio pega umas botas de couro, sujas de terra, que estão num canto, no chão.

FABIO
Mirá mamá, igualitas las de papá!

AMPARO
Não mexe! Deixa onde você encontrou!

Fábio tenta vestí-las.

FABIO (O.S.)
Quase me servem, como las de papá.

AMPARO
Guarde onde você achou. Vem, me ajuda a fazer a cama.

Amparo abre o lençol que Abuelita deixou, levantando poeira do lugar ao sacudí-lo.

BLACK COM TÍTULO DO FILME "LOS SILENCIOS"

Sentam-se numa sala de espera, onde encontram-se outras pessoas.

Ouvem a história de outras pessoas que fugiram pelos conflitos da guerra, vazando, baixinho, de outra sala.

Uma FREIRA entra na sala de espera, e entrega para Amparo uma ficha para preencher.

FREIRA

(em português)

Vocês já têem os documentos?

AMPARO

Que documentos?

FREIRA

(em potunhol)

Tudo que comprove os conflitos de onde vêem...

fotos, vídeos... os documentos de identidade....

Amparo faz que sim, e começa a pegar em sua bolsa seu celular e os documentos.

14/5

Close up de Núria p/ Freira

Nuria olha para ela.

NURIA

Não deu tempo da gente pegar quase nada...

Amparo entrega para a Freira os documentos e aciona um vídeo no celular.

FREIRA (O.S.)

Claro...

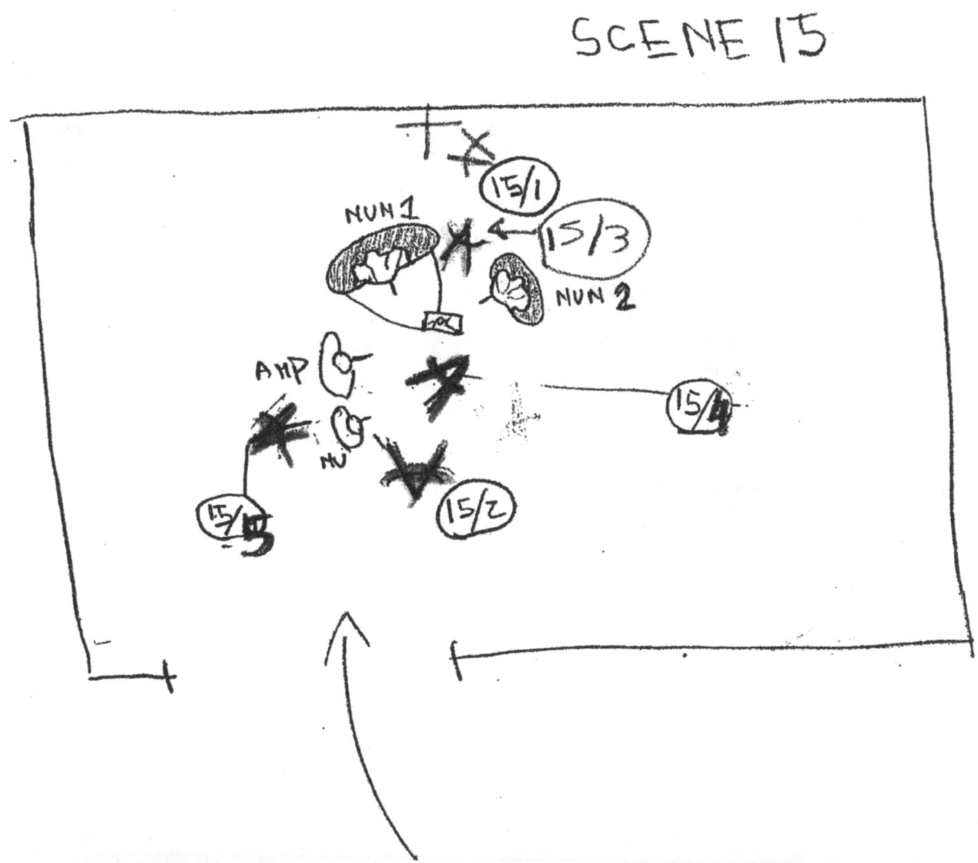
SCENE 15
NUN 1
15/1
15/3
NUN 2
AMP
15/4
15/2
15/5

INT. DIA. CONFESSIONARIO DA IGREJA

Uma estátua de Cristo que olha para cima, ouve sons de gritos de-alguém que acabou de encontrar um ente querido assassinado no meio da rua.

As freiras fogem com o olhar do que está passando na tela, tendo dificuldade de assistir, por aflição.

FREIRA 2

(em portunhol)

Esta aqui era a casa de vocês?

AMPARO

O nosso restaurante... um dia apareceram uns paisás novos, pediram almoço, demos.... Não sabíamos que eram paramilitares.... depois, um vizinho nos avisou para não dar papaya, pois iam achar que estavamos colaborando...

FREIRA

E aqui o que está escrito? neste papel ao lado do corpo.

Elas aproximam o celular do rosto, Freira 2 tira os oculos para ver mais de perto.

FREIRA 2

(em portnhol)

Morto por sapo. Este é o o seu marido?

13/1

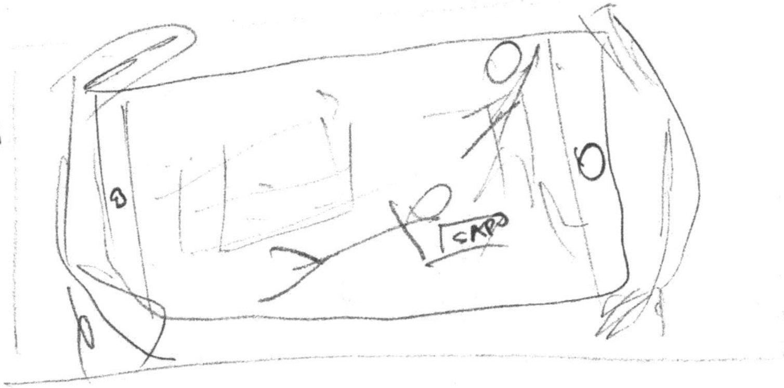

Freira aponta para o celular, e continuam vendo o vídeo enquanto ouvem Amparo.

AMPARO

Não. É o Angel, filho do farmaceutico. Os paramilitares acharam que ele estava fornecendo anticincepcionais para as muchachas dos montes. Meu marido desapareceu pouco tempo depois, num desabamento de terra provocado por uma explosão de uma petrolifera que se instalou ali ao lado. Nós ficamos esperando a indenização, mas a cada semana aparecia mais uma pessoa morta na rua...

FREIRA 2

(em portunhol)

Mas vocês estão correndo risco de vida? Alguém te persegue?

15/4

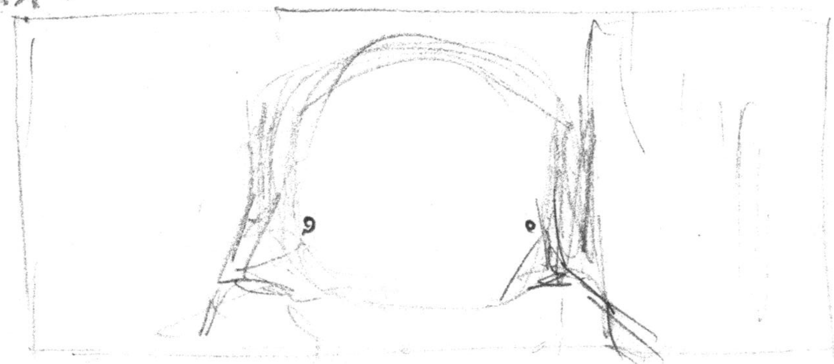

Núria faz que sim com a cabeça, apreensiva, segurando a mão da mãe, enquanto escuta sua voz negando:

AMPARO (O.S.)

No.

FREIRA 2

(em portunhol)

Porque este visto é só para quem pode provar que está sendo perseguido, e uma vez no Brasil, não pode mais voltar...

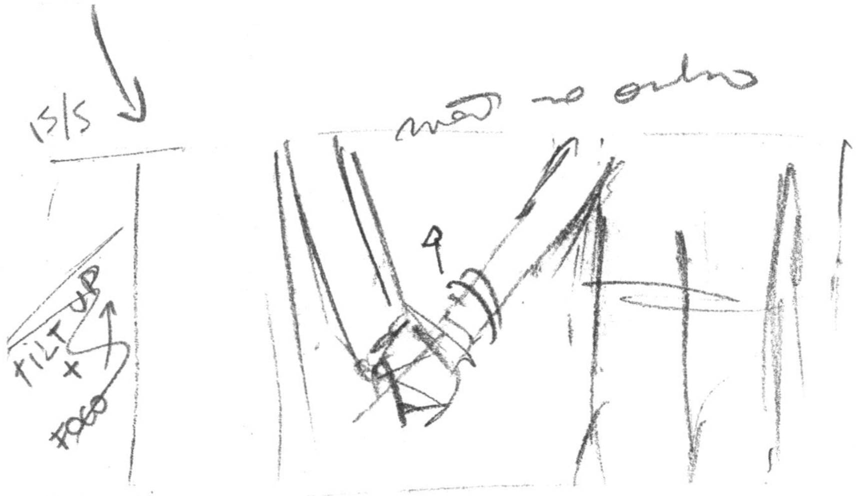

FREIRA 2 (CONT'D)
se não é melhor pedir o visto pelo acordo do mercosul, que leva mais tempo para conseguir, mas vocês podem voltar... vou encaminhar vocês para este advogado, vocês entregam o que têm, que ele vai te ajudar.

Começa a tocar os sinos da igreja.

A Freira 2 entrega para AMPARO um cartão com o endereço do advogado em Tabatinga.

AMPARO
Y... se puede confiar?

Freira 2 faz que sim com a cabeça.

FREIRA 2
Já ajudou muita gente, com casos que vc não pode nem imaginar. A nosostros no interessa o passado de la persona. Solo o que podemos ajudar.

SCENE 16
16/1
TILT UP
AMP
NU
16/2

16/1

16/1B

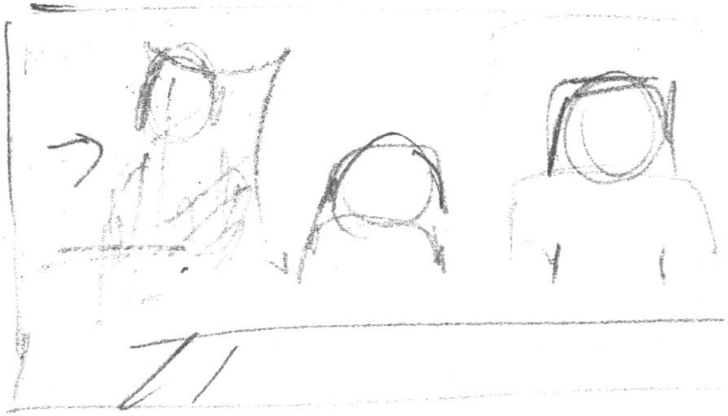

16 INT. DIA. SALA DO ADVOGADO

O Advogado bate num sininho em sua mesa e recebe de Amparo uma **CARTEIRA DE IDENTIDADE COM A FOTO de ADÃO BARQUEIRO AIRES, uns recortes de jornal sobre o acidente, e um cartão de uma petrolifera.** Amparo e Núria estão sentadas na sua frente.

ADVOGADO (O.S.)
(em português)
Este é o seu marido, que desapareceu?

AMPARO (O.S.)
Si.

ADVOGADO (O.S.)
(em portunhol)
Brasileiro?

~~Amparo faz que sim.~~ AMPARO (O.S.) Sí

O advogado olha um cartão da petrolifera.

ADVOGADO
(em portunhol)
Ah, si, si - eu me lembro deste desastre! E eles acharam o corpo?

AMPARO
Ainda não. Nem dele nem da minha filha mais velha, que ele tinha ido buscar na escola, quando aconteceu o desastre.

ADVOGADO
(em portunhol)
E disseram que iam indenizar as famílias?

Amparo faz que sim.

AMPARO
Ja indenizaram algumas.

Aparece CARLA, a secretária.

CARLA
Señor?

ADVOGADO
Por favor, me pega os processos do señor Juan, que estoy atrasado.

A secretária sai.

16/1

TILT UP

16 INT. DIA. SALA DO ADVOGADO

O Advogado bate num sininho em sua mesa e recebe de Amparo uma **CARTEIRA DE IDENTIDADE COM A FOTO de ADÃO BARQUEIRO AIRES, uns recortes de jornal sobre o acidente, e um cartão de uma petrolifera.** Amparo e Núria estão sentadas na sua frente.

ADVOGADO (O.S)
(*em português*)
Este é o seu marido, que desapareceu?

AMPARO (O.S)
Si.

ADVOGADO (O.S)
(*em portunhol*)
Brasileiro?

~~Amparo faz que sim.~~ AMPARO (O.S) Si

O advogado olha um cartão da petrolifera.

ADVOGADO
(*em portunhol*)
Ah, si, si - eu me lembro deste desastre! E eles acharam o corpo?

AMPARO
Ainda não. Nem dele nem da minha filha mais velha, que ele tinha ido buscar na escola, quando aconteceu o desastre.

ADVOGADO
E disseram que iam indenizar as famílias?

Amparo faz que sim.

AMPARO
Ja indenizaram algumas.

Aparece CARLA, a secretária.

CARLA
Señor?

ADVOGADO
Por favor, me pega os processos do señor Juan, que estoy atrasado.

A secretária sai.

16/1B

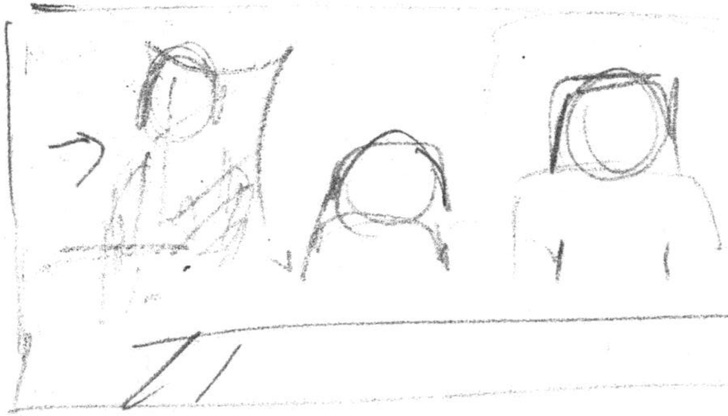

ADVOGADO

(em portunhol)

Ok. Vou averiguar e entro em contato com vocês. Me deixa aqui o seu número. Me desculpe, não ter mais tempo, mas vocês me pegaram de saída.

Amparo anota num papel.

ADVOGADO (O.S.)

Carla por favor, estou atrasado. Listo?

CARLA (O.S.)

Si señor.

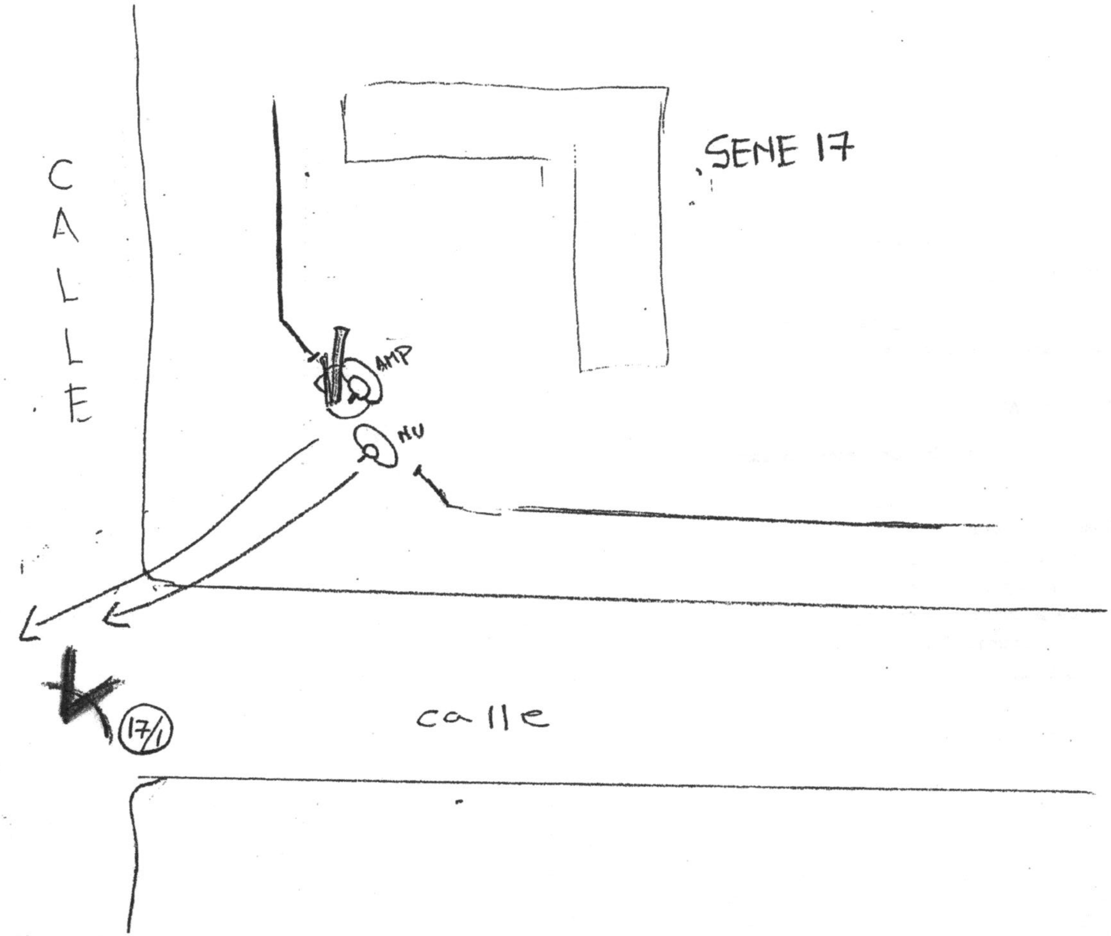
SENE 17
CALLE
AMP
NU
17/1
calle

17/1

17 EXT. DIA. LOJA DE TECIDOS

Carros passam na frente da loja de tecidos. Amparo e Nuria saem de lá, carregando tecidos em rolo e uma sacola transparente.

18 OMITTED

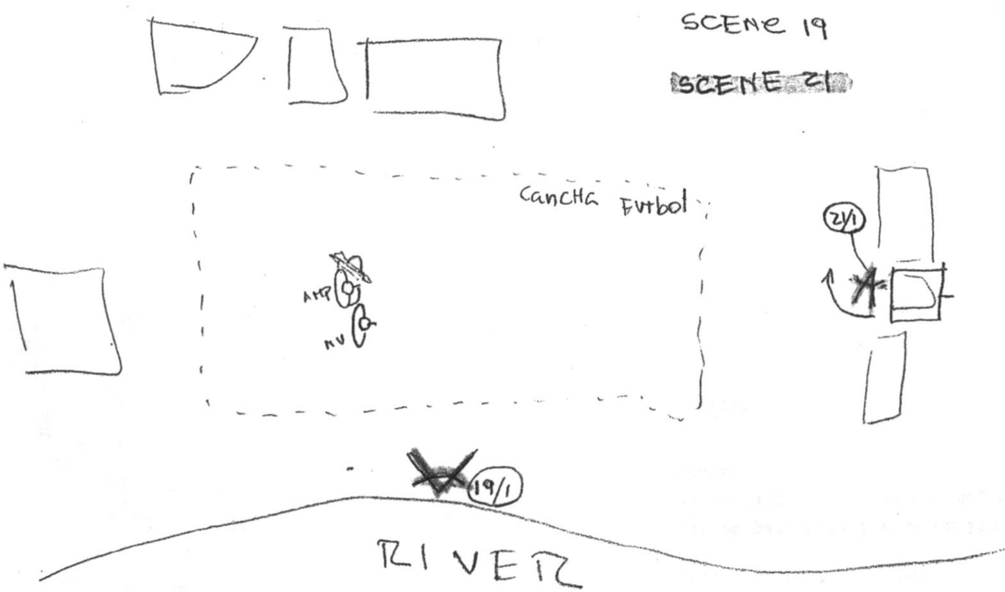

19 EXT. DIA/ENTARDECER. ILHA DA FANTASIA/ CAMPINHO DE FUTEBOL

Amparo e Nuriá, carregando os tecidos, atravessam o campinho de futebol da Isla de La Fantasia cheio de vida, com as pessoas que chegam do trabalho e se divertem.

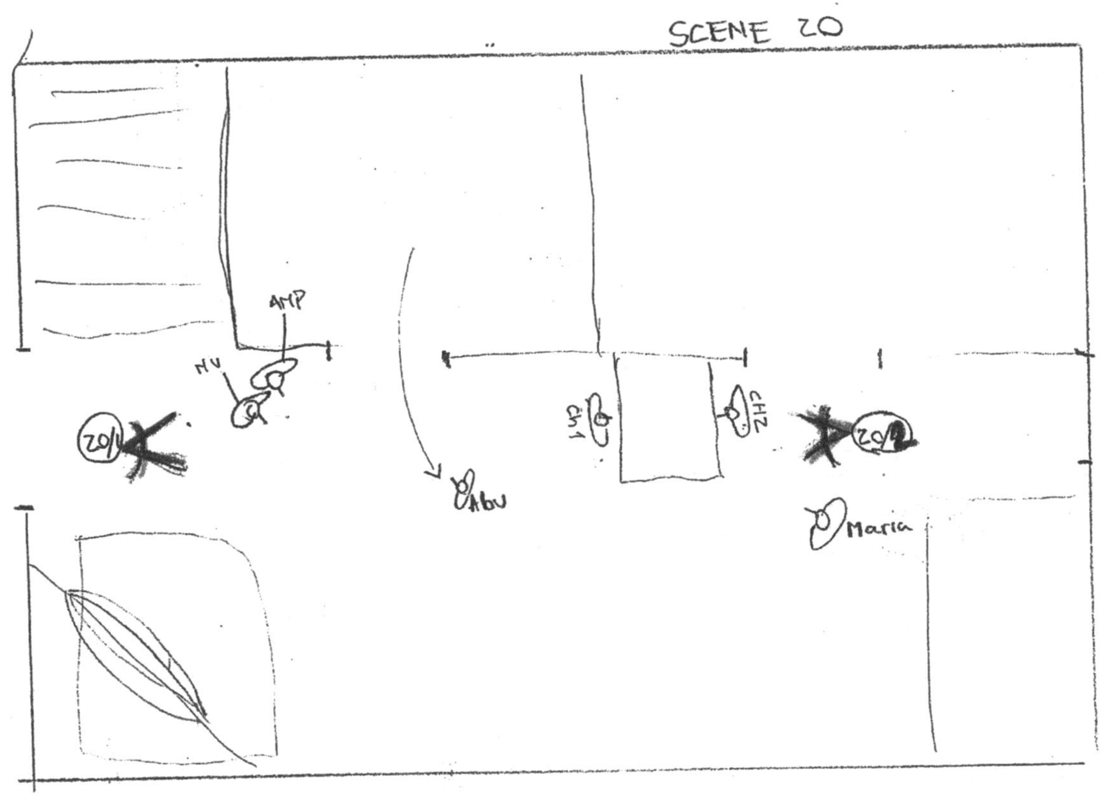
SCENE 20
AMP
NU
20/1
Abu
Ch1
CH2
20/2
Maria

20/1

20/4

20 INT. DIA. CASA DA ABUELITA

Amparo e Nuria entram na casa da Abuelita.

AMPARO

Permisso.

Maria está dando jantar para duas crianças.

MARIA

A Abuelita está dormindo.

NURIA

A esta hora?

Amparo repara nos uniformes das crianças.

AMPARO

Ah, mira, no és que tienes uns
uniformes más grandes para eu
tirar o molde?
E será que alguém poderia me emprestar
uma máquina de costura?

MARIA

No.... No creo que alguien acá
tenga una maquina de costura.

A Abuelita sai do quarto, devagar, ~~onde Nuria observa uma TV de Plasma grande, e outras pessoas assistindo.~~

ABUELITA

Ah! Como estan?

AMPARO

Preciso fazer los uniformes...

ABUELITA

(em português, para Maria)

Ah! Mas não tem o de alguém mais grande, que já perdeu
o tamanho e pode emprestar?

Maria faz que não sabe.

ABUELITA

Na casa do Jaime, talvez... mira,
vamos averiguar.

EXT. DIA. CASA DA ABUELITA/CAMPINHO

Amparo e Abuelita saem da casa da Abuelita

e vão para um lado, atravessando o campo de futebol, enquanto Núria vai para o outro.

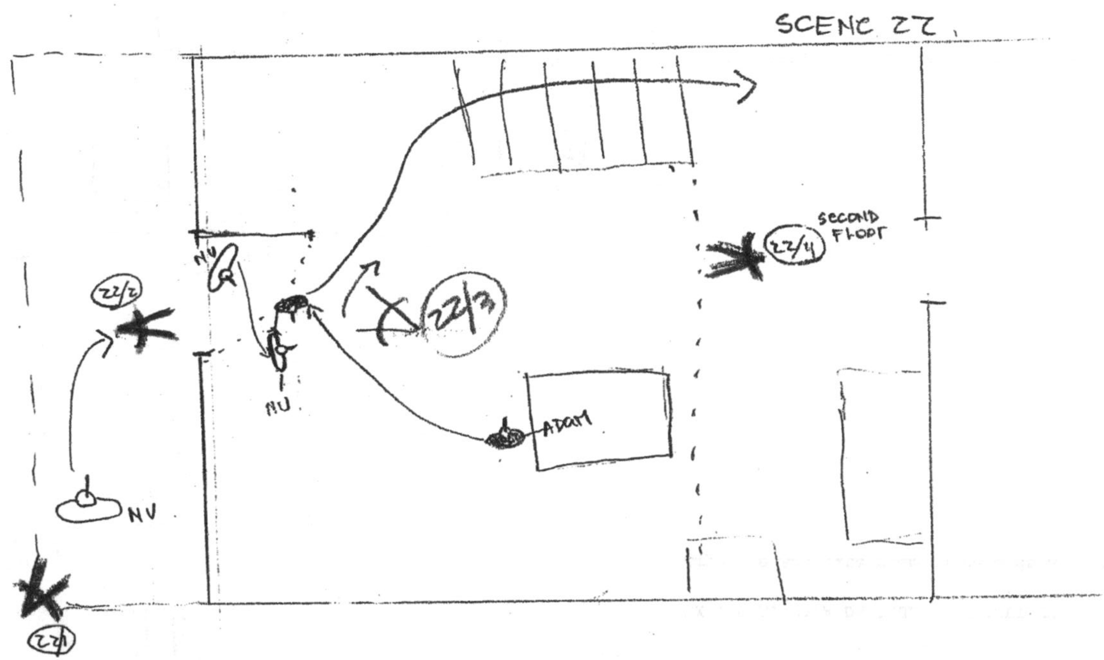
SCENE 22
SECOND FLOOR
22/4
22/3
22/2
22/1
ADAM
NV
NV
NV

22 EXT/INT. DIA. CASA DE PALAFITAS

Núria chega em casa,

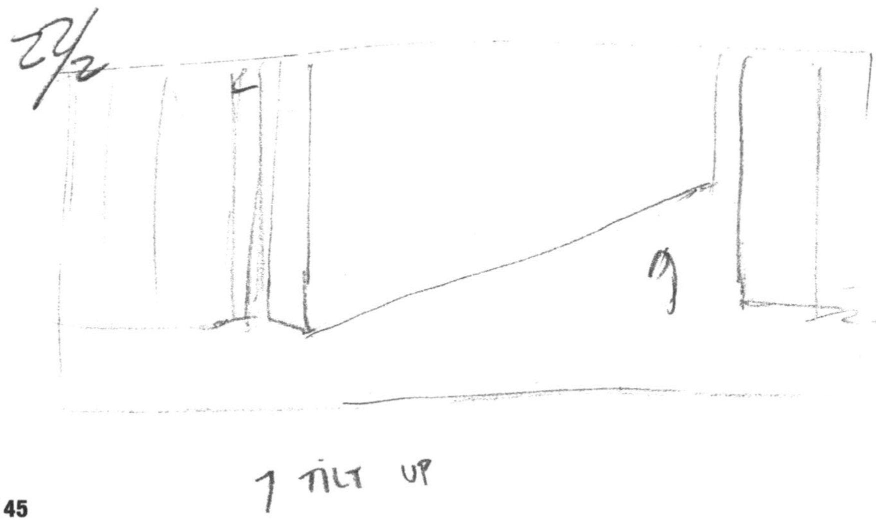

abre a porta, tira os sapatos, vê que as botas de cowboy não estnao mais no lugar e, quando se vira, dá de cara --

COM SEU PAI

Enrolado numa toalha de banho, com seu chapéu branco sujo de cowboy na cabeça, carregando suas botas numa mãe e tirando roupas fardadas da mala, com um esparadrapo fuorescente numa atadura em sua perna queimada, ao lado de uma mala aberta, que havia sido trazida por Amparo, com suas roupas, no chão.

Ela grita. O pai se assusta.

Tapa a boca da filha com sua mão grande, enquanto faz sinal de silêncio com o indicador em frente de sua boca.

ADÃO

Schhh! Não digas nada pra ninguém!
Si?

Núria faz que sim, estática. Adão tira sua mão de sobre a boca da filha, e beija ela entre os cabelos.

ADÃO

Como estás, cariño?

Nuria não consegue responder, ainda em choque.

Ouvem um ruido de vento e dos visinhos batendo boca lá fora.

ADÃO

Tranquila, si? No vistes nada.

Adão pega uma muda de roupa e sobe para o andar de cima, mancando e assoviando. Carrega uma metralhadora pendurada em suas costas sob

o olhar catatônico da filha.

Som do coração disparado de Núria.

SCENE 23
TILT UP
23/5
NU
23/1
AMP
23/4
23/3
FA

23 INT. NOITE. CASA DE PALAFITAS

A agulha da máquina de costura fura o tecido azul marinho do uniforme que compraram.

Amparo, sentada na mesa ao lado de uma máquina de costura, mede com uma fita métrica a cintura de Nuria, em pé, de regata e shorts com detalhes fuorescentes, ao lado dela. Volta com as medidas para um tecido azul escuro sobrio para fazer os uniformes.

AMPARO

Fabio, não fica mexendo no telefone, que vai acabar a bateria!

23/3

Fábio joga um joguinho de tiros no celular da mãe, na rede, no outro lado da sala, enquanto

AMPARO

Vem cá, me ajuda aqui -- é importante você aprender a costurar, nunca se sabe quando pode ser útil...

Fábio, com má vontade, olha a mãe que passa a linha na agulha da máquina de costura.

FABIO

útil é ter dinheiro, e comprar pronto.

AMPARO

Mas as vezes não tem para comprar. Eu já te contei quantas vezes costurar salvou a vida da nossa família?

23/4

Fábio faz que sim, e volta para o joguinho.

AMPARO

Su bisavuela fue la primera persona a costurar calças para mujeres em Bogotá. Você sabia? Se vendian escondido.

Fábio faz cara como se tivesse escutado esta história milhares de vezes.

Nuria ~~sorri~~ e pega pedaços de pano ao lado da máquina de costura para brincar com eles, fazendo formas de calças no chão, enquanto escuta a história da mãe.

FABIO

Y la abuela costurava las fardas para los militares, y usted para la guerrilla.

AMPARO

Assim nos mantínhamos informadas. E foi costurando uma calça que conheci o seu pai.

Núria olha para o andar de cima e vê, palas frestras do chão, alguem andando, de vagar, mancando.

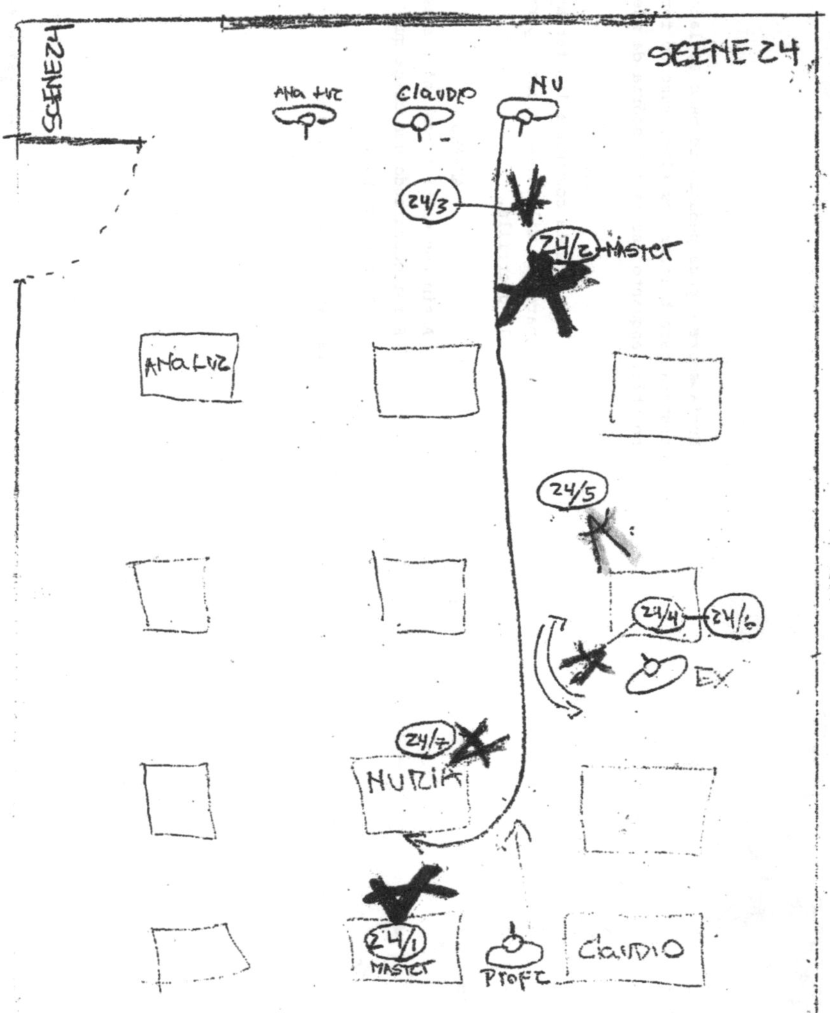
SCENE 24
SCENE 24
Ana Luz
Claudio
NU
24/3
24/2 MASTER
ANA LUZ
24/5
24/4
24/6
EX
24/7
NURIA
24/1
MASTER
PROFE
CLAUDIO

24/1

24/2

24 INT. DIA. SALA DE AULA - ESCOLA

Núria está de pé, na frente da sala, em frente ao quadro negro, vestindo seu uniforme novo, com seu brinco, pulseiras e um pingente fuorescente num barbante que desce até o peito. Outras duas crianças estão em pé também. A professora entrega provas corrigidas para os alunos.

PROFESSORA
Presentem-se, por favor.

ANA LUZ (NEGRA)
Yo soy Ana Luz, vengo de Barranquillas.

CLAUDIO
Claudio, de Puerto Assis.

Todos olham para Núria, que não fala nada, e encara a sala. A professora tenta incentivá-la.

PROFESSORA
Digan un pouco lo que gostan de hacer...

Núria contina quieta. A tensão cresce, As outras crianças começam a fazer burburinho.

ANA LUZ
Jogar pelotas

24/3

CLAUDIO

Yo también.

Nuria continua muda. ~~Exlendy (11), olha para ela~~ incomodada. O burburinho cresce.

PROFESSORA

Y?

Nuria não fala nada. Todos riem.

24/4

continuam rindo

P.O.V Exlendy

Exlendy está incomodada.

A professora fica constrangida com a risada que aumenta, e a mudez de Nuria.

PROFESSORA (O.S.)

Tudo bem, pode se sentar. Depois vocês se apresentam melhor.

Ana Luz, Claudio e Nuria se sentam em suas carteiras.

Exlendy sorri para Nuria, que continua com olhar aflito e cara fechada.

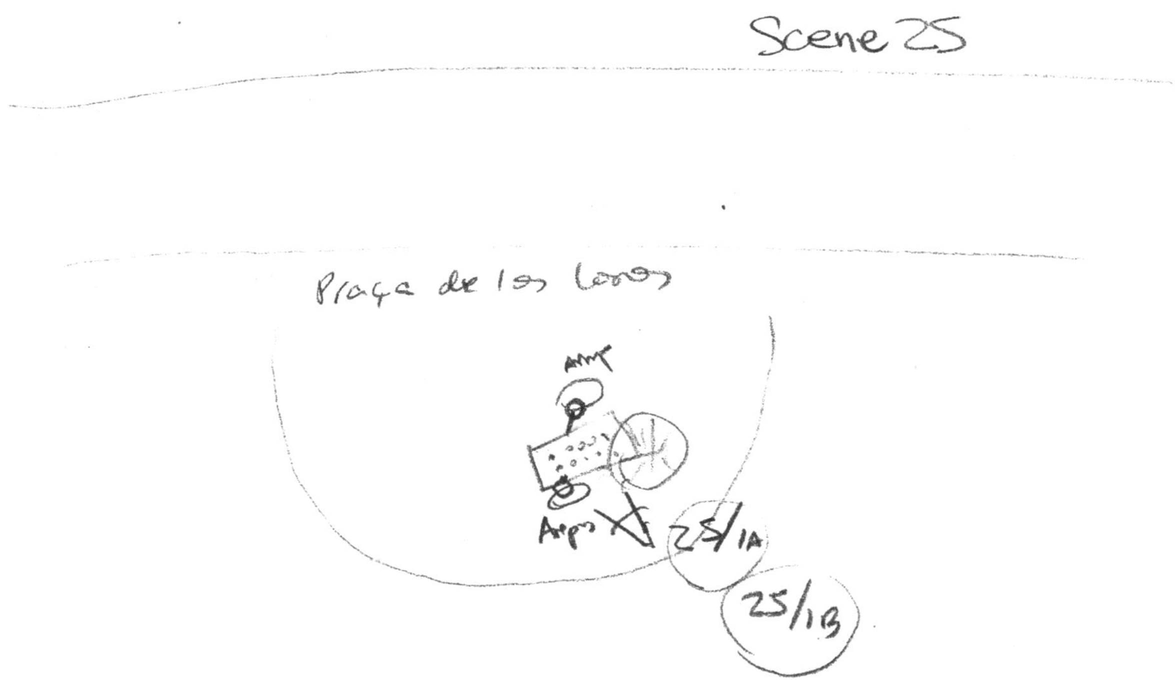
Scene 25
Plaça de los Locos
25/1A
25/1B

25 EXT. DIA. PRAÇA NA FRENTE DA ESCOLA / AREPAS

Em frente à escola, Amparo observa a VENDEDORA DE AREPAS.

AMPARO (OS)

Se eu te trouxer umas recheadas de queijo, você vende aqui?

VENDEDORA

Preciso provar antes, para ver se são boas...

AMPARO

Eu vou te trazer, então.

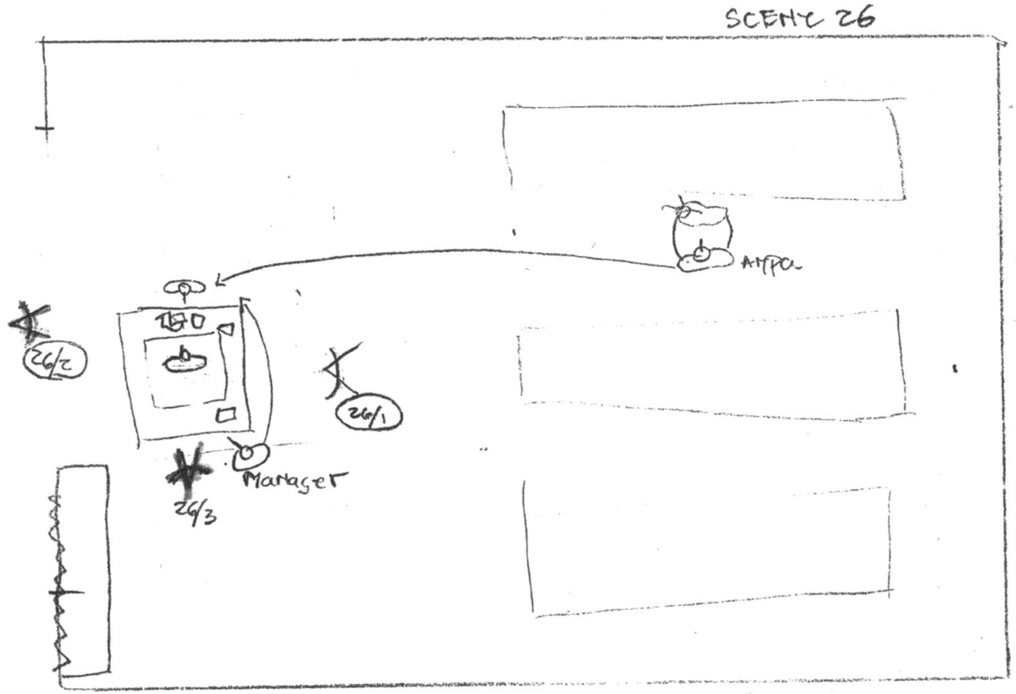
SCENE 26
AMPA
26/1
26/2
26/3
Manager

INT. DIA. PEQUENO MERCADO

Amparo compra igredientes para fazer arepas.

Chega no caixa. Conta o dinheiro. Falta um pouco. Olha para a Moça do Caixa.

AMPARO

Te posso trazer o que falta na semana que vem?

A MOÇA DO CAIXA olha para ela, com olhar de cansaço. Chama o GERENTE.

MOÇA DO CAIXA

Carlitos! Ela vai querer fiado.

O gerente se aproxima.

GERENTE

O que você pode deixar como garantia?

Amparo olha a identidade de Adão que carrega consigo.

AMPARO

Posso deixar a identidade do meu marido?

GERENTE

Não aceitamos identidades. Todos aqui temos 3 ou 4 .

Amparo pensa um pouco. Olha as compras.

AMPARO

Te posso trazer uma máquina de costura, que tenho emprestada?

GERENTE

Dale. Quando você trouxer, você leva o queijo e a farinha.

Amparo concorda e sai de lá carregando parte dos igredientes.

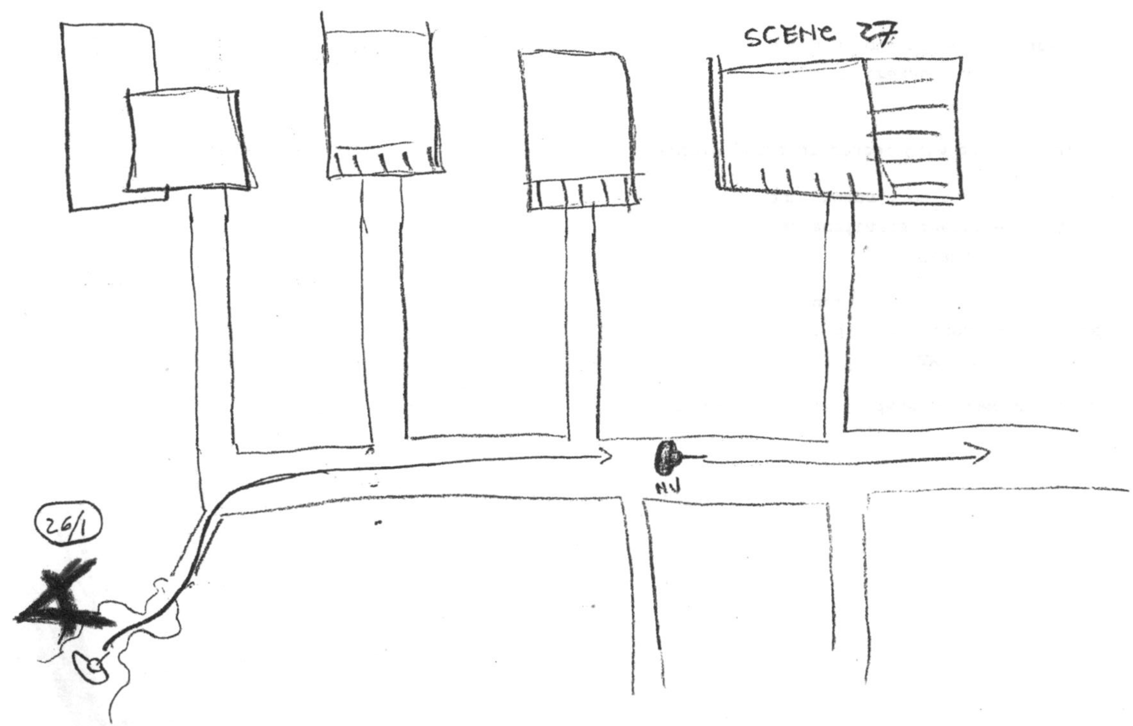
SCENE 27
NV
26/1

27

27 EXT. DIA. PINGUELAS DAS CASAS DE PALAFITAS PROXIMAS AO PORTO (ATRAS DA BIBLIOTECA)

Nuria passa pelas pinguelas das palafitas proximas ao porto de Leticia, voltando da escola.

chão molhado?

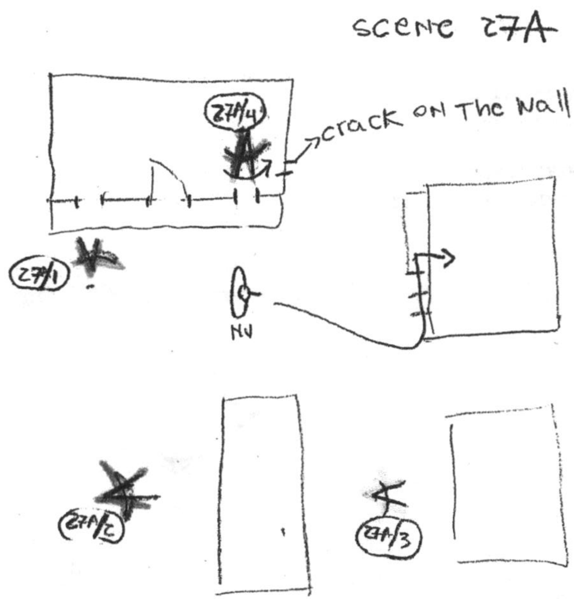
SCENE 27A
crack on The Wall
27A/4
27A/1
NV
27A/2
27A/3

EXT. DIA. PESSOAS NA JANELAS PERTO DA CASA DE PALAFITAS/ ISLA DE LA FANTASIA

Pessoas na janela, e nas portas, se escondem em suas casas/ olham quem passa por frestras.

chão molhado?

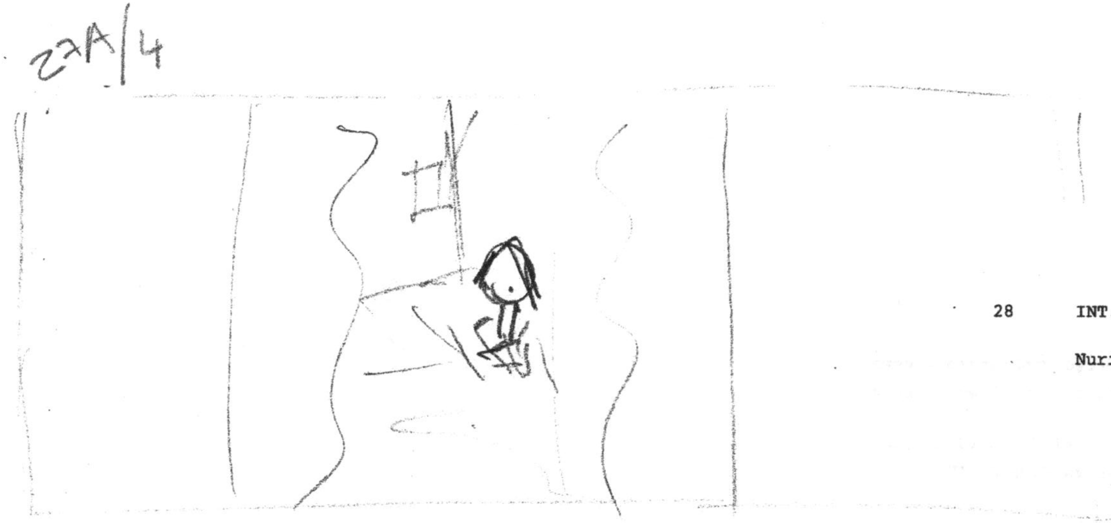

28 INT. DIA. CASA DE PALAFITAS

Nuria chega em casa

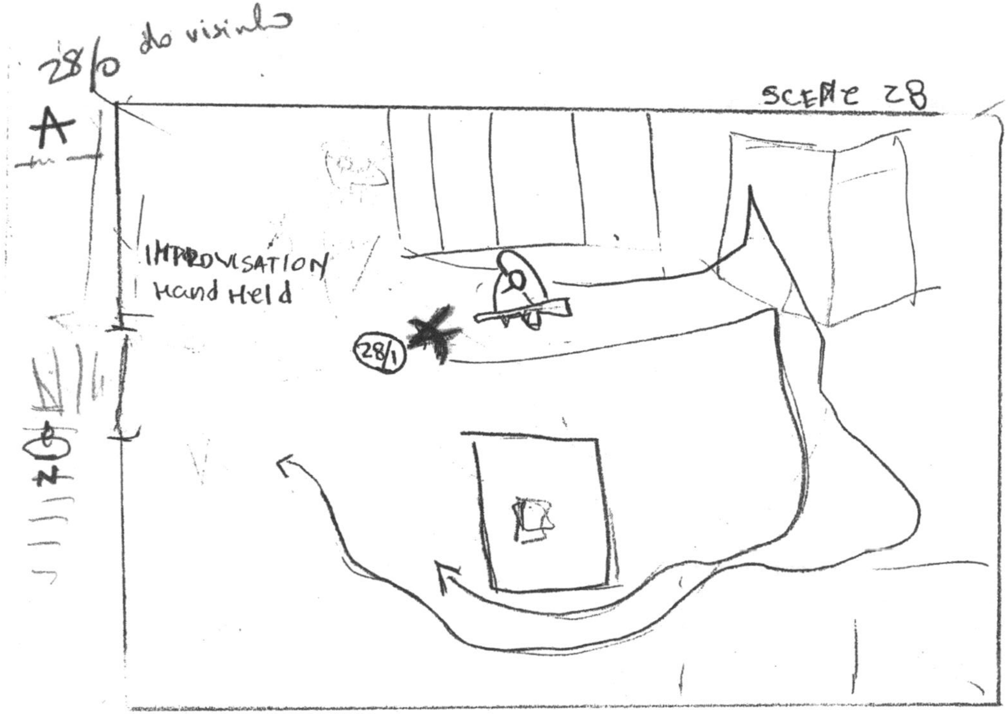
28/0 do vizinho
SCENE 28
A
IMPROVISATION
Hand Held
28/1

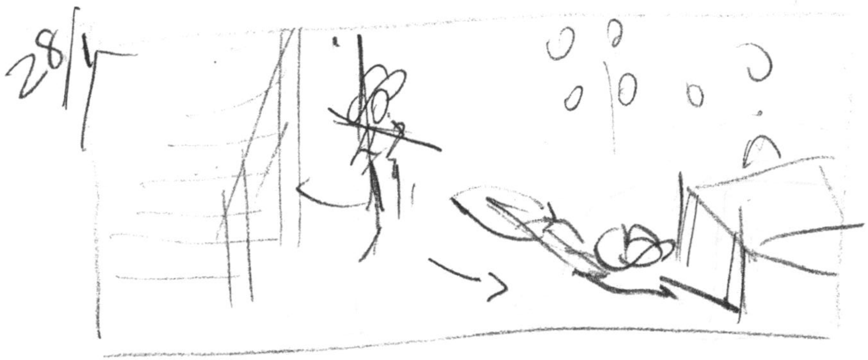

e encontra Fábio, com o chapéu de cowboy do pai na cabeça, suas botas de couro sujas, e uma camisa aberta de guerrilheiro brincando de missão secreta com a metralhadora do pai.

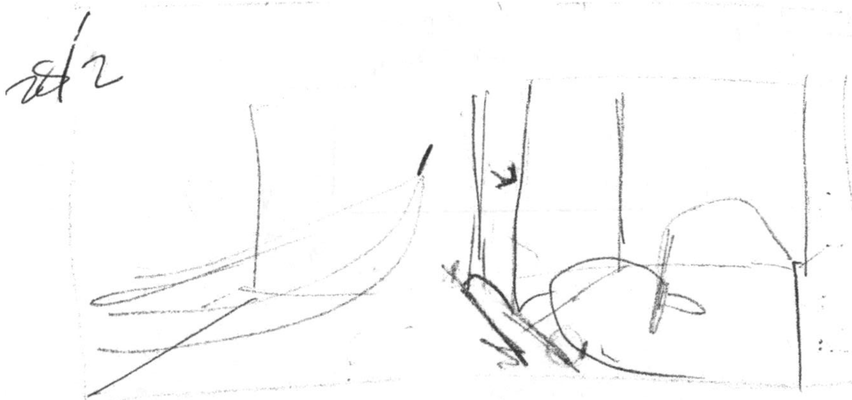

Fabio mira a porta onde está, e finge atirar.

FABIO

Pow pow pow.

A porta Abre

O último tiro sai de verdade.

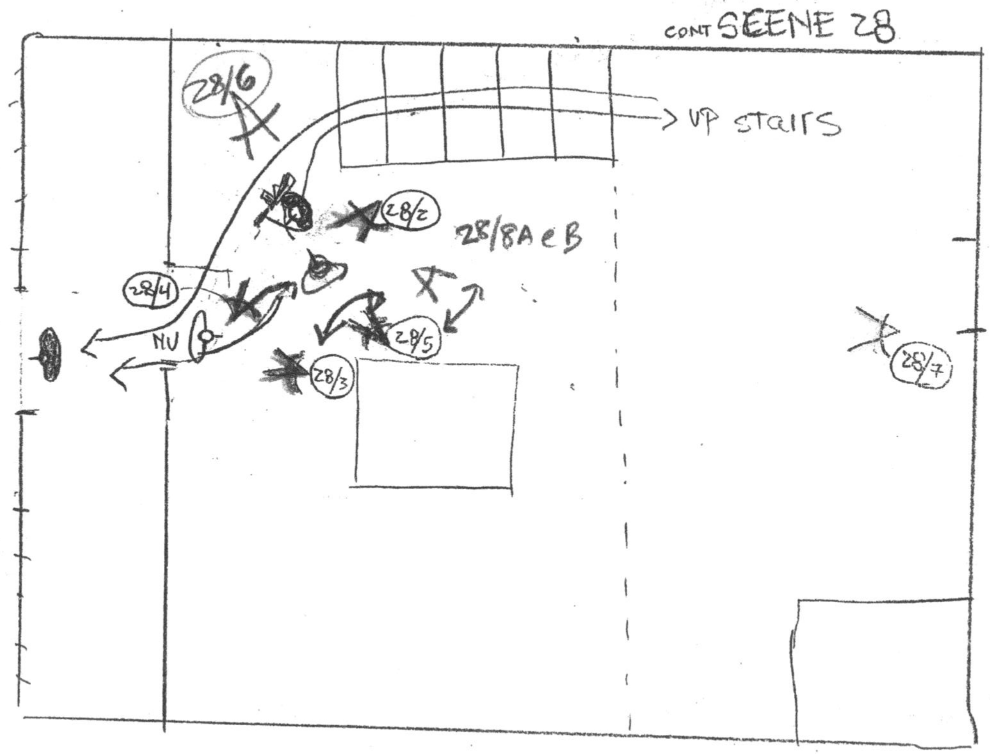
CONT SCENE 28
28/6
UP STAIRS
28/2
28/8A e B
28/4
NU
28/5
28/3
28/7

28/3

Nuria leva um susto.

28/4

Fábio também. Ele corre para fechar a porta.

28/5

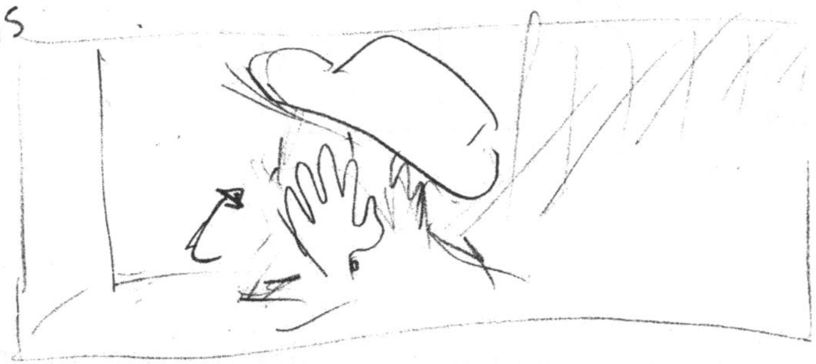

Nuria dá um tapa na nuca dele, que em seguida coloca a mão no lugar.

FABIO

Ai!

Fábio tira a camisa do pai, que estava usando sobre a camiseta do uniforme.

28/6

Núria observa o irmão guardando a arma sob a escada

28/7

pega sua mochila e sai de casa apressado, para a escola. Nuria observa que ele corre e as vezes manca, como o pai.

28/8A

Nuria olha para dentro de sua casa, ouve de longe o assovio do pai no vento. O plástico da casa trepida. Ela prefere sair correndo dali. ~~Fecha a porta.~~

→ PAN rápido

28/8B

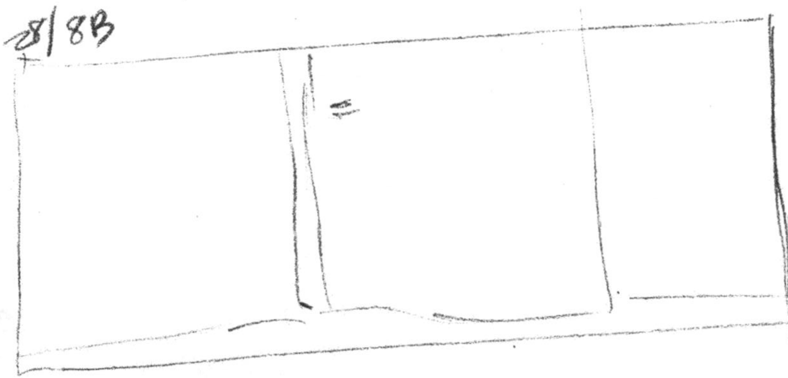

Bate a porta atrás de si.

SCENE 29

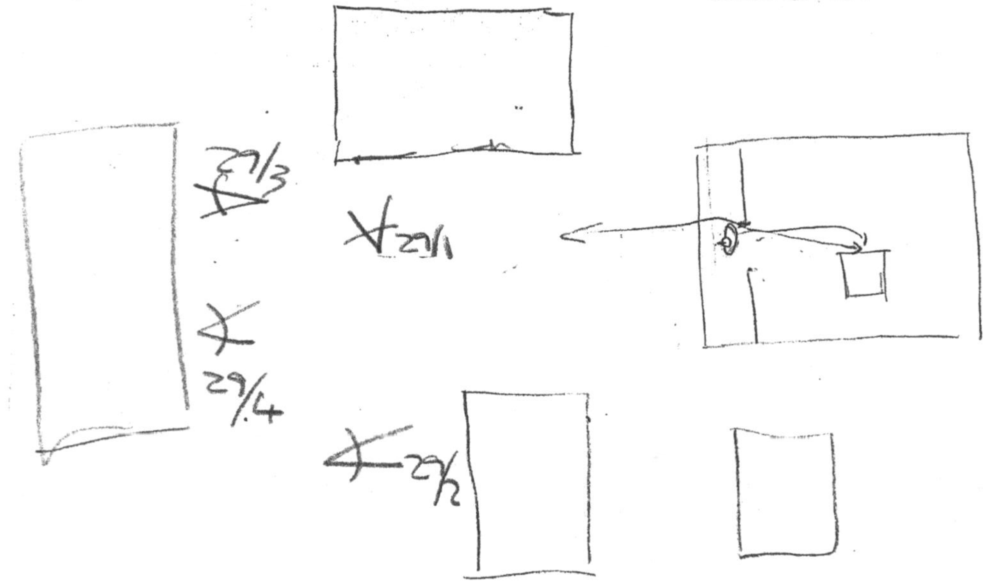

29/1

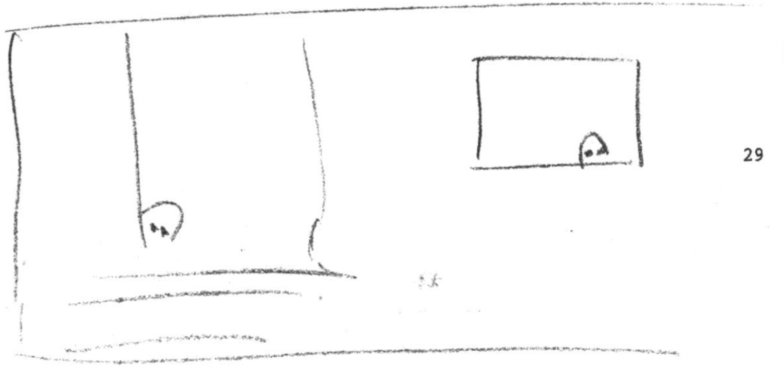

29 EXT. DIA. CASA DE PALAFITAS

~~Nuria vê~~ Os visinhos sentados nas varandas e portas de sua casa~~, que~~ parecem olhar para ela ~~enquanto fazem seus afazeres para ela~~

29/2

Espreitam da janela

29/3

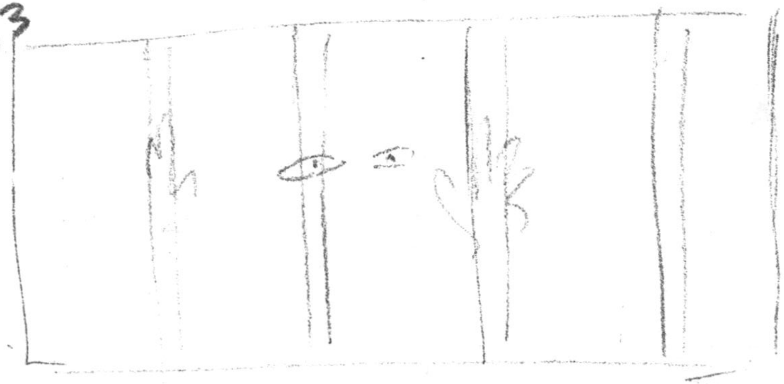

e dentre as frestras das palafitas.

29/4

. Ela desce as escadas da palafitas de sua casa.

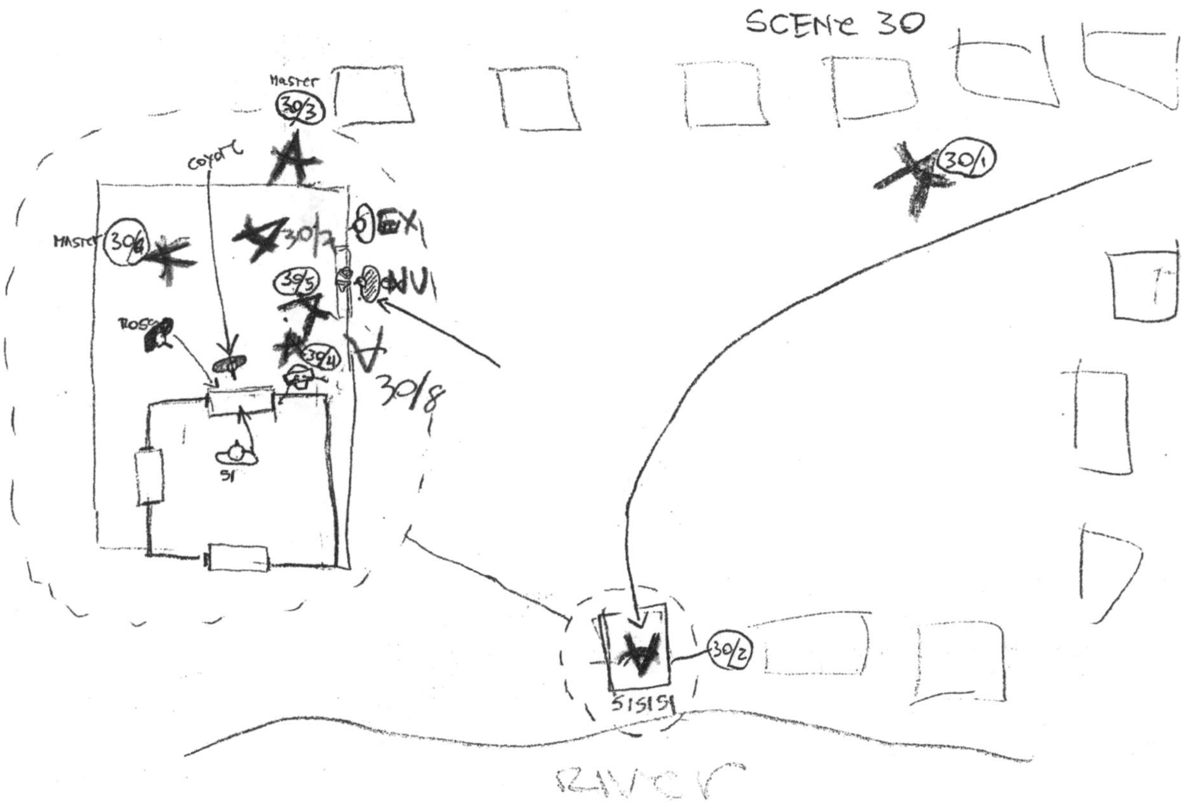
SCENE 30
30/1
Master
30/3
coyote
Master
30/6
30/7
EX
NU
30/5
30/4
ROSE
SI
30/8
30/2
SISISI
RIVER

30 EXT. DIA. VENDA DO SR SISISI NA ISLA DE LA FANTASIA

Nuria se aproxima de uma venda com frutas e diversos produtos para casa, onde tem uma televisão ligada a um gerador de eletricidade próximo ao campinho de futebol.

Ela conecta o celular da família ali, em uma extensão com várias tomadas e diversos celulares conectados.

Nuria olha para TV onde passam notícias dos conflitos armados e do progresso das negociações de paz da Colombia.

30/4

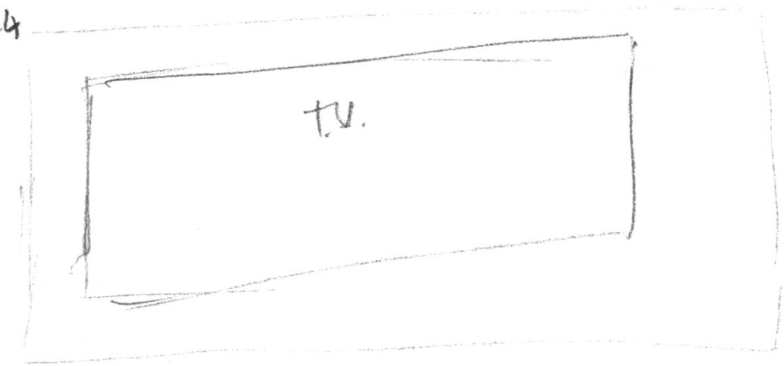

30/5

Master 1

ROSA

(em portunhol)

Não se preocupe senhor Sisisi que este mês pagamos sem falta! Estamos consertando o barco, e meu marido já conseguiu fazer as entregas no Brasil...

Sr. SISISI anota, com um pouco de mal humor, o empréstimo.

SENHOR SISISI

Pede para ele vir falar comigo. Faz tempo que não o vejo.

Em seguida ela observa Rosa, (40), uma mulher negra, com um bebe no colo se aproximar da venda do sr Sisisi.

ROSA

(em portunhol)

Tienes crédito para celular brasileiro?

SENHOR SISISI (60), aparece de dentro da venda, com um pano de prato nos ombros.

SENHOR SISISI

De quanto?

ROSA

(em portunhol)

25 reais.

Senhor Sisisi entrega para ela.

ROSA

(em portunhol)

Puedes marcar con las otras compras.

SENHOR SISISI

Ai, ai, ai, que su família ya não pagou o que deve no mês passado....

ly se aproxima por trás de Nuria. Vê que a amiga
observando a cena. Fala baixinho.

EXLENDY

Já te apresentaram ao senhor Sisisi?

leva um susto. Exlendy Ri. Nuria faz que não.

EXLENDY

Na verdade ele se chama don Amado,
mas aqui todos lo chamamos de
senhor Sisisi. Pois se alguém diz não...

ly faz um gesto de "degolar". Nuria olha para ele.

EXLENDY

Ele é o mais rico aqui da ilha.
Acho até que ele é o mais rico de
Letícia, da Colombia, do Brail, do
Peru, do mundo todo. É um homem
muito bom, empresta dinheiro pra
todo mundo. Mas se você não
pagar...

Nuria observa o SR SISISI contando dinheiro e passando parte dele para COIOTE (19), que mastiga uma grama comprida na boca e tem as pontas dos cabelos loiros, com um chapéu de cowboy pendurado no pescoço, nos fundos da venda.

EXLENDY

Ele tem agentes por toda parte. Te
quebram a perna. Tiram um dedo.
Até você dar um jeito de devolver
o dinheiro. Com o juros, claro.
Que ele não é bobo.

30/8A

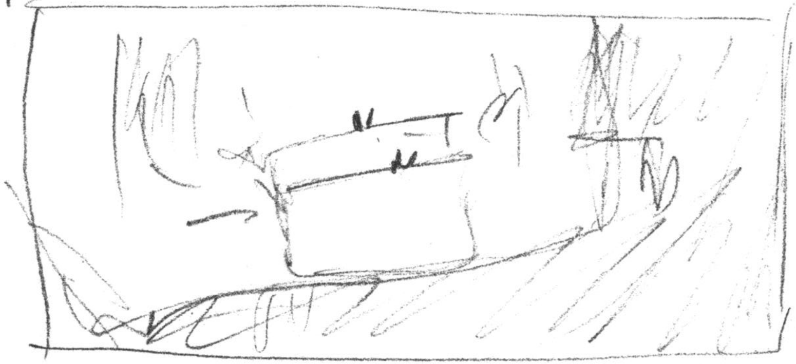

TILT UP

30/8B

Exlendy abre UMA BOLSINHA de onde tira um batom, cartas de baralho, alguns pesos e balas amassadas, que oferece para Nuria.

EXLENDY

Quer?

Nuria faz que não.

EXLENDY

Do que você gosta de brincar?

Núria não responde.

EXLENDY

Você sabe jogar passa passa?

Nuria faz que sim.

EXLENDY

Quer jogar?

Núria faz que não.

Bola bate nela

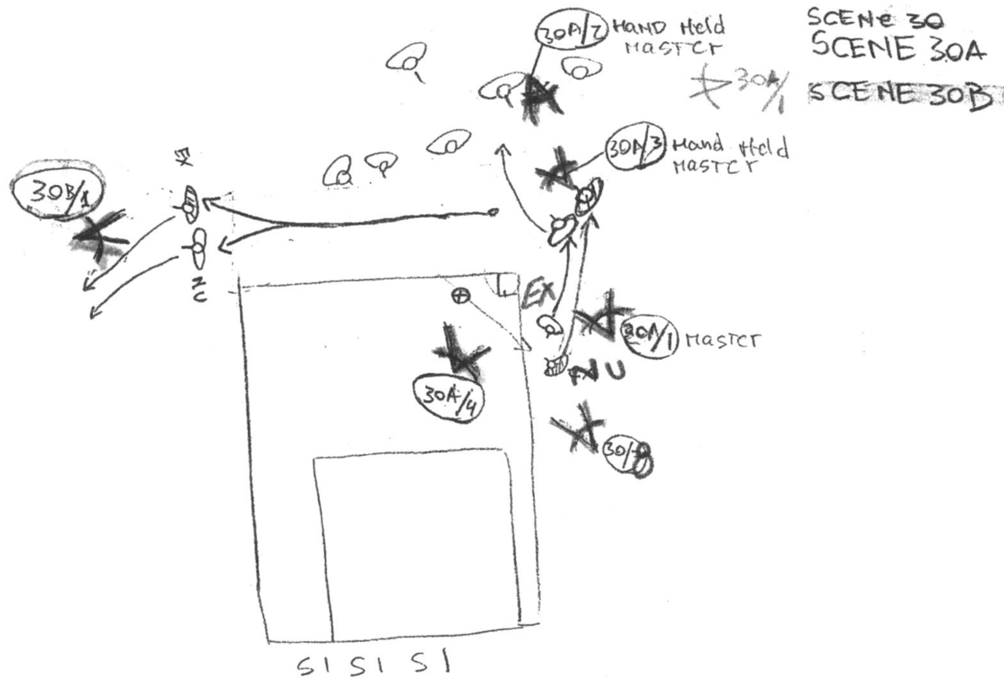
SCENE 30
SCENE 30A
SCENE 30B
30A/2 HAND Held MASTER
30A/3 Hand Held MASTER
30A/1 MASTER
30A/4
30B/1
EX
NU
S I S I S I

30A/1

30A/2

30A/3

30A EXT. DIA. VENDA DO SR SISISI

Nisso, há uma briga entre as crianças que estavam jogando bola, no campinho ao lado delas, que se desenrola quase aos pés de Núria. Crianças maiores tentam impedir a briga. Coyote se aproxima como uma autoridade.

COYOTE

Que se passa acá?

CRIANÇA 01

Foi ele que começou!

CRIANÇA 02

Foi nada! Foi ele! Ela viu!

Todos olham para Núria, que fica muda, na frente de Exlendy.

CRIANÇA 03 (O.S.)

Fala! Quem foi que começou?

Núria continua sem dizer nada, acuada. A tensão cresce. O bando de meninos, bringando, está cada vez mais proximo delas.

CRIANÇA 04 (O.S)

Fala!

Exlendy empurra um deles, que cai no chão.

EXLENDY

Ninguém aqui tava prestando atenção em vocês!

O menino vai revidar para cima de Exlendy. Coyote ~~olha, para o Sr Sisis que faz um sinal para que i~~ntervem.

COYOTE

Tranquilo, tranquilo, no passa nada. Isso se resolve de outra forma.

30A/4

As crianças voltam para o jogo, olhando feio para Núria, que continua acuada, calada. Se afastam fazendo gestos obcenos. Exlendy mostra o dedo do meio para eles. ~~Coiote ri fazendo um gesto obsceno com a boca.~~

EXLENDY

Babacas!

Os outros garotos continuam a jogar.

30B/1

30B EXT. DIA. VENDA DO SR SISISI 30B

Exlendy sorri para Núria.

EXLENDY

Você é boa em ficar quieta. Quer ser minha amiga?

Núria sorri para ela.

31/1

31 EXT. DIA. ISLA DE LA FANTASIA/ CAMPINHO DE FUTEBOL

Núria vê Amparo chegando na Ilha, de canoa. Vai em direção a ela.

SCENE 31
ex
31/1
A
MU
RIVER

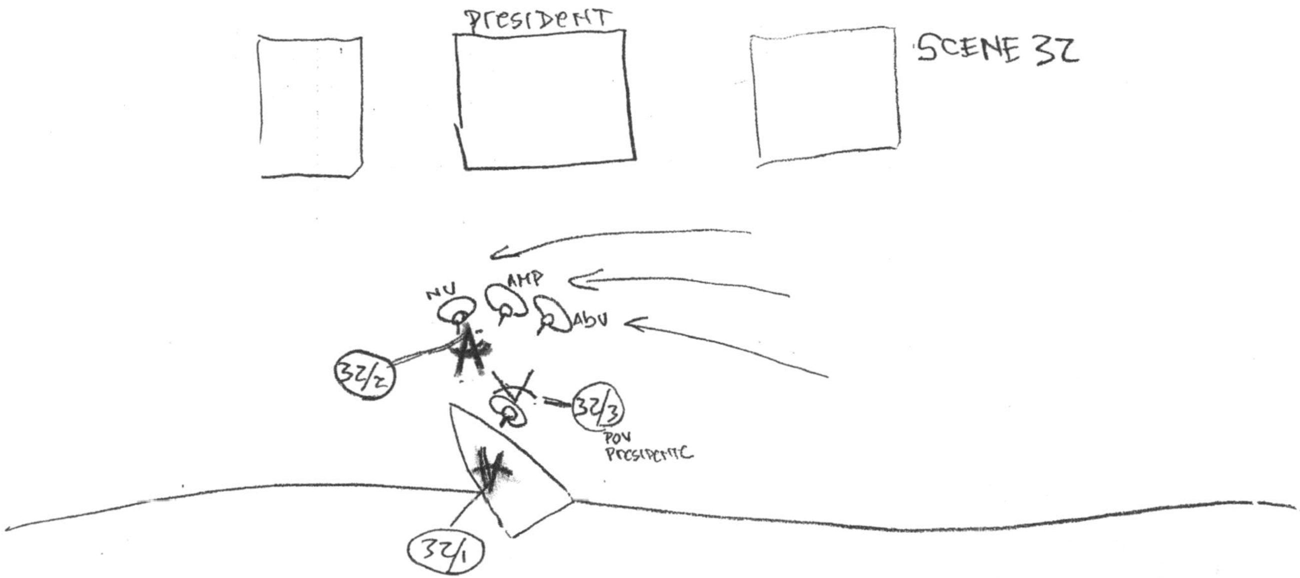
SCENE 32
PRESIDENT
NU
AMP
ABU
32/2
32/3
POV
PRESIDENTE
32/1

32 EXT. DIA. CASA DO PRESIDENTE DA ILHA

Abuelita apresenta Amparo ao sr. Presidente de la Isla, enquanto este trabalha na construção de um barco.

ABUELITA

Mira, senhor presidente, esta és mi sobrina, lo marido desapareció en un acidente... está buscando empleo. Precisa do suficiente para fazer uma base.

O sr. Presidente olha para Amparo de mãos dadas com Nuria.

PRESIDENTE DE LA ISLA

Nosostros no recibimos desplazados aqui. No queremos problemas.

ABUELITA

Mas ela é da família, senhor presidente. Logo mais se ajeita. Não vai causar problema nenhum... sempre foi muito correta, trabalhadora.

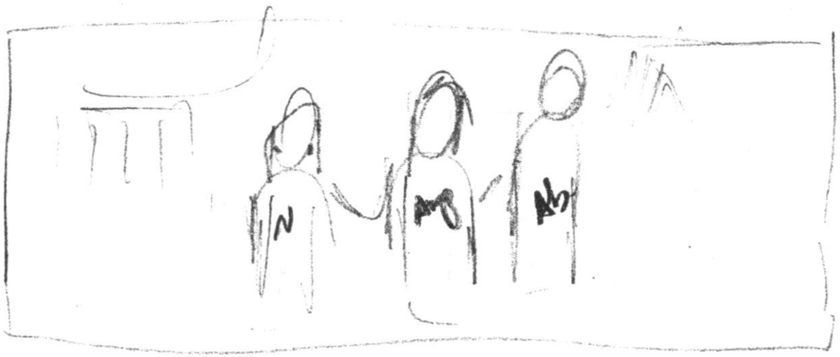

O Presidente olha para ela, desconfiado, e fala enquanto continua seu trabalho.

PRESIDENTE DE LA ISLA

Abuelita, ja querem nos tirar daqui, se trazemos problemas para cá é que vão nos tirar mesmo. Ela não pode ficar em Letícia?

ABUELITA (OS)

Senhor presidente, fazem 30 anos que vivo aqui. Desde que esta ilha surgiu no meio do rio. E eu já dei algum tipo de problema para o senhor?

O sr. Presidente continua parafusando seu barco, sem responder.

ABUELITA (O.S)

Uma palavrinha sua, e conseguimos um posto para ela na fábrica de peixes...

ao menos por um tempo,
só para ela conseguir fazer uma base.

AMPARO

Eu estou limpa senhor presidente.
Não trago nenhum problema comigo.
Os problemas todos deixamos para trás.

O senhor presidente a olha com ar desconfiado.

SCENE 33
2nd FLOOR
NU
33/2
33/3
33/4
FG
NU
33/5
33/1

33 INT. NOITE. CASA DE PALAFITAS

Fábio grita enquanto Amparo puxa sua orelha, dando uma bronca neste, segurando a metralhadora com a outra mão. Nuria, cabisbaixa, os observa.

AMPARO

Quantas vezes vou ter que te dizer que não é pra mexer no que não é seu?

Fábio olha furioso para ela.

AMPARO

Já não basta tudo o que passamos? Você vai querer nos trazer problemas de novo?

Fábio a encara sem responder. Olha para baixo.

AMPARO

Se te pego mexendo de novo nas coisas do seu pai, você vai se arrepender de ter nascido.

Nuria, encostada na parede, olha para ele.

AMPARO

Entendestes?

Fábio faz que sim.

AMPARO

Não escutei.

FABIO

Si.

AMPARO

Si?

FABIO

Si, senhora.

AMPARO

Muito bem, agora vai tomar banho.

FABIO

Está frio.

AMPARO

Vai tomar frio mesmo, pra ver se aprende alguma coisa.

Fábio olha na direção de Núria, com ódio.

Fábio sai do quarto.

AMPARO

Ei!

Fábio se volta pra ela. Amparo joga uma toalha para ele.

AMPARO

Fica esperto que tem cobra lá fora.

Fábio sai com a toalha.

Amparo senta na cama e desmorona, chorando pra dentro com a metralhadora no colo.

Nuria se aproxima, encosta a mão nos seus cabelos, Amparo imediatamente se levanta,

TILT UP

guardando o choro e a metralhadora no armário.

Fecha a porta do armário.

BLACK

toda a cena é 1 plano sequência

34/1A

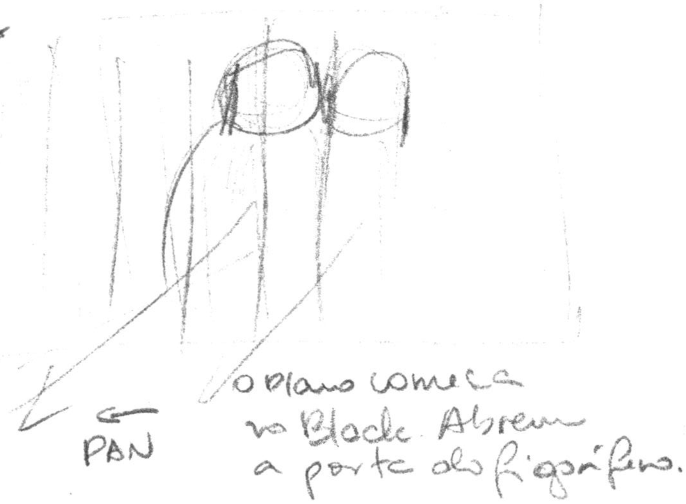

34/2

INT/EXT. DIA. FABRICA DE PEIXES

34

Abre a porta da camera gelada do frigorifero de peixes, Amparo e a MOÇA DA FABRICA DE PEIXES, com botas brancas, entram ali, onde tem peixes pendurados em todas as paredes.

A Moça da FABRICA DE PEIXES lhe explica como tirar as escamas de cada tipo de peixe do rio Amazonas, enquanto caminham.

MOÇA FABRICA DE PEIXES

E aqui deixamos congelar depois de descamados, para serem empacotados e ir para exportação.

AMPARO

Si señora.

34/3

34/1D

Alguns homens jovens vestidos de branco entram de lá para carregar sacos de peixe congelados, enormes, sobre suas costas. Amparo os observa.

MOÇA FABRICA DE PEIXES

Normalmente não contratamos mulheres para ser carregadoras. Mas você pode pescar, que o chefe compra peixe, já sem escamas, é claro.

AMPARO

é que não tenho barco, nem rede, e não conheço este rio... morro de medo de me afogar. Mas posso carregar, como eles.

MOÇA FABRICA DE PEIXES

Mas é muito pesado.

AMPARO

Já carreguei muita coisa pesada na vida. Mira.

Amparo pega um saco que estão terminando de fazer mostra como consegue carregá-lo nas costas.

A MoçA DA FABRICA DE PEIXES consente com um gesto que ela siga os outros carregadores. Ela sai da camera fria do figorifero e se distancia pela porta da fábric, enquanto a MOCA DA FABRICA fica lá dentro.

SCENE 36

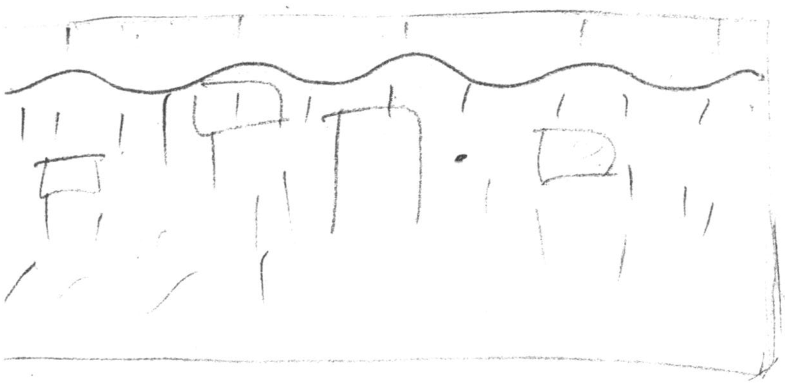

35 OMITTED

36 EXT. NOITE. CASAS NA ISLA DE LA FANTASIA - CHUVA

Chove durante a noite na Ilha.

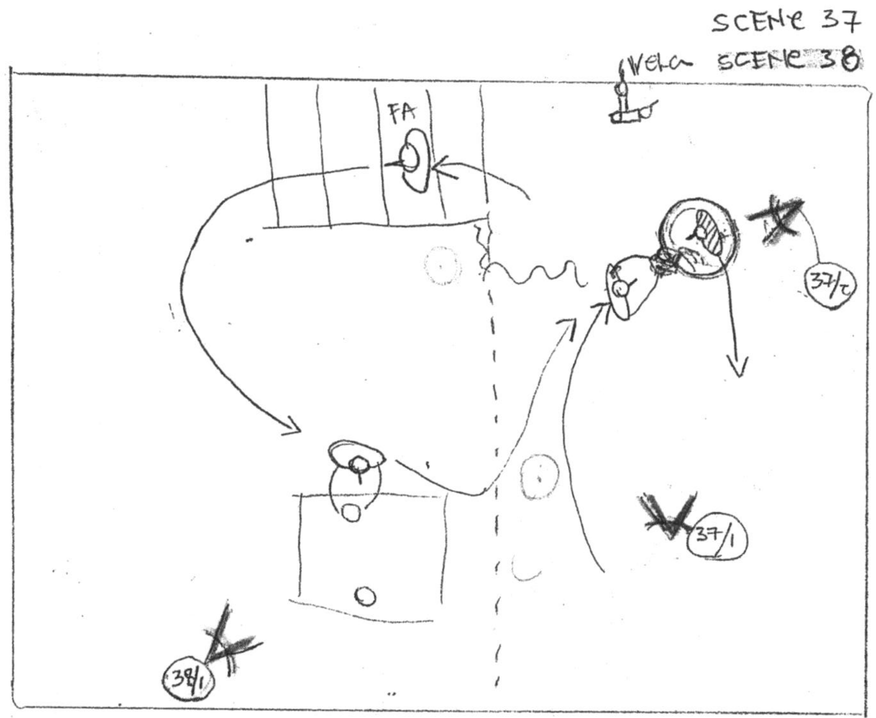
SCENE 37
vela
SCENE 38
FA
37/2
37/1
38/1

INT. NOITE. CASA DE PALAFITAS/ BANHEIRO EMBAIXO DA ESCADA 37

Núria está dentro de uma bacia grande, tomando banho, com uma esponja fuorescente, embaixo da escada, num ambiente separado da cozinha por um lençol. Ela usa os brincos fuorescentes. Amparo joga uma chaleira de água quente na bacia. Sai fumaça.

Nas costas de Núria há uma cicatriz em processo de cicatrização. Bacias recolhem gotas de água que caem do teto, no meio da casa.

FABIO (O.S.)
Já posso colocar a mesa?

AMPARO
Por favor.

Fábio desce as escadas. Amparo se levanta.

38/1

38 INT. NOITE. CASA DE PALAFITAS/SALA COZINHA

Fábio pega dois pratos e duas colheres para colocar na mesa. Amparo chega e lhe passa mais dois pratos e colheres. Fábio olha com pena para a mãe, mas coloca os quatro pratos e colheres na mesa mesmo assim.

AMPARO

Corre e aproveita que a água ainda está quente.

vai tomar banho.

39

39 INT. NOITE. CASA DE PALAFITAS/QUARTO DE CIMA

Núria, no quarto de cima,-de banho tomado, com uma toalha na cabeça, escolhe que roupa vestir. Coloca uma calcinha normal e um sutien fuorescente.

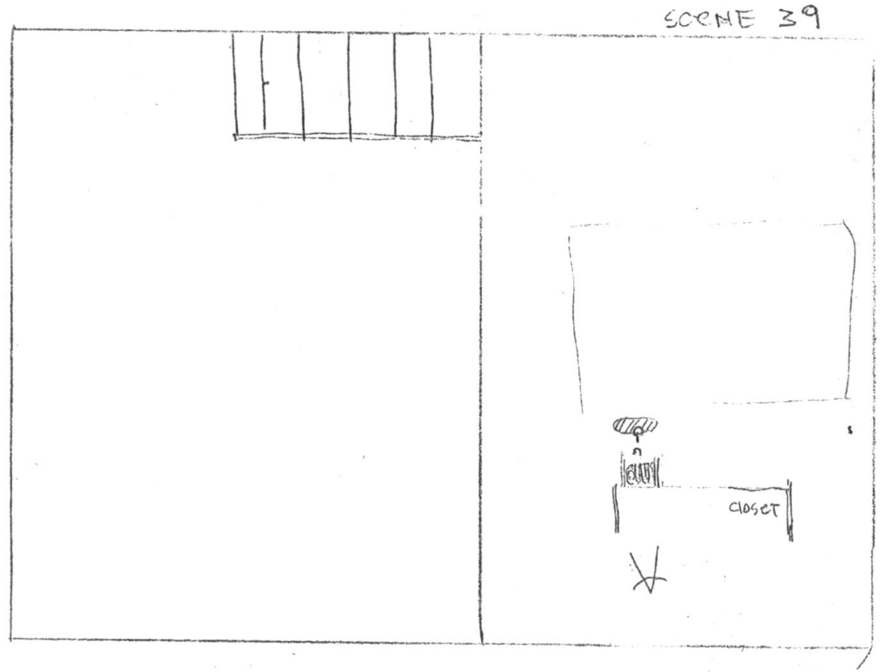
SCENE 39
closet

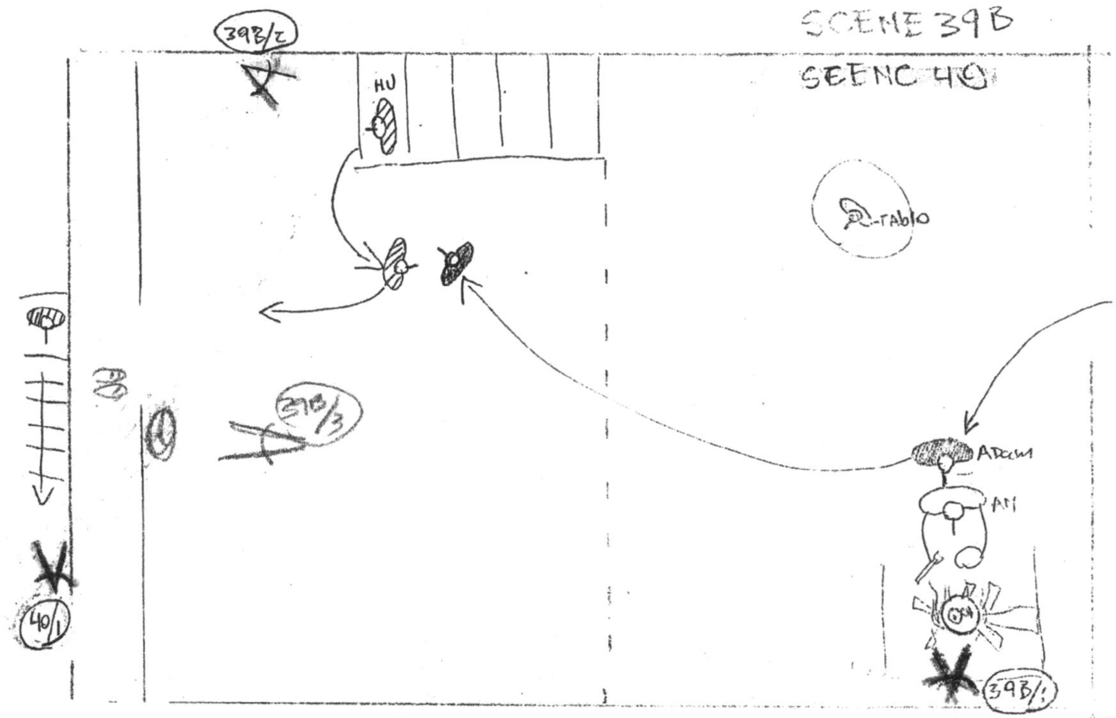
SCENE 39B
SCENE 40
39B/2
HU
TABLO
39B/3
ADAM
AN
39B/1
40/1

39B/1

39B/2

39B INT. NOITE. CASA DE PALAFITAS/COZINHA

Amparo prepara uma sopa com um peixe. Toca uma música latina revolucionária melancólica no seu celular.

Adão aparece por trás dela e beija seu cangote. Amparo sorri.

Núria sai do quarto, os vê de relance, da escada. Num primeiro momento fica apreensiva mas depois relaxa observando, escondida, a interação dos dois e também sorri.

AMPARO

Parece que a chuva fez uma pausa - Precisamos buscar mais água!

FABIO (O.S.)

Já vou!

NURIA (O.S.)

Eu pego.

39B

Núria desce as escadas. O pai, de shorts com uma cueca fuorescente aparecendo, passa as mãos na cabeça dela. Entrega para ela o balde.

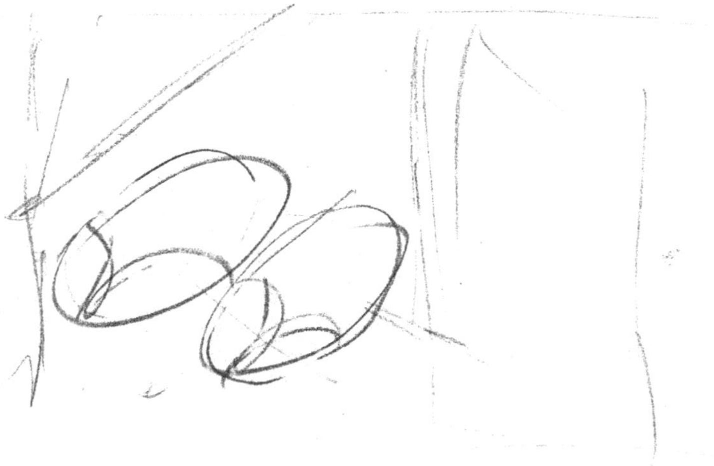

Perto da porta, Núria veste chinelos fuorescentes e sai de casa, carregando o balde e uma lanterna.

40 EXT. NOITE. CASA DE PALAFITAS 40

Núria desce as escadas da casa de palafitas, enquanto escuta as vozes de seus pais sussurrando baixinho.

SCENE 41
A
41/1
41/2
41/2
POV
ABUC
NU
NU

EXT. NOITE. ISLA DE LA FANTASIA/ ATRAS DA CASA DA AVUELITA 41

Núria caminha até uma bomba de água a manivela atrás da casa da Abuelita, onde enche seu balde.

Muitos vagalumes piscam sob as palafitas.

Avelita aparece de uma janela.

ABUELITA
Ah! Eres tu!

Núria olha pra cima.

ABUELITA
Necessitas de algo?

Núria faz que não. Sons de barcos a motor passando próximo dali, lembram helicópteros da guerra.

ABUELITA
Bueno. Cuidado com os bichos noturnos.

Núria faz que sim, desliga a água da bomba e se afasta com o balde cheio d'água, caminhando rapidamente.

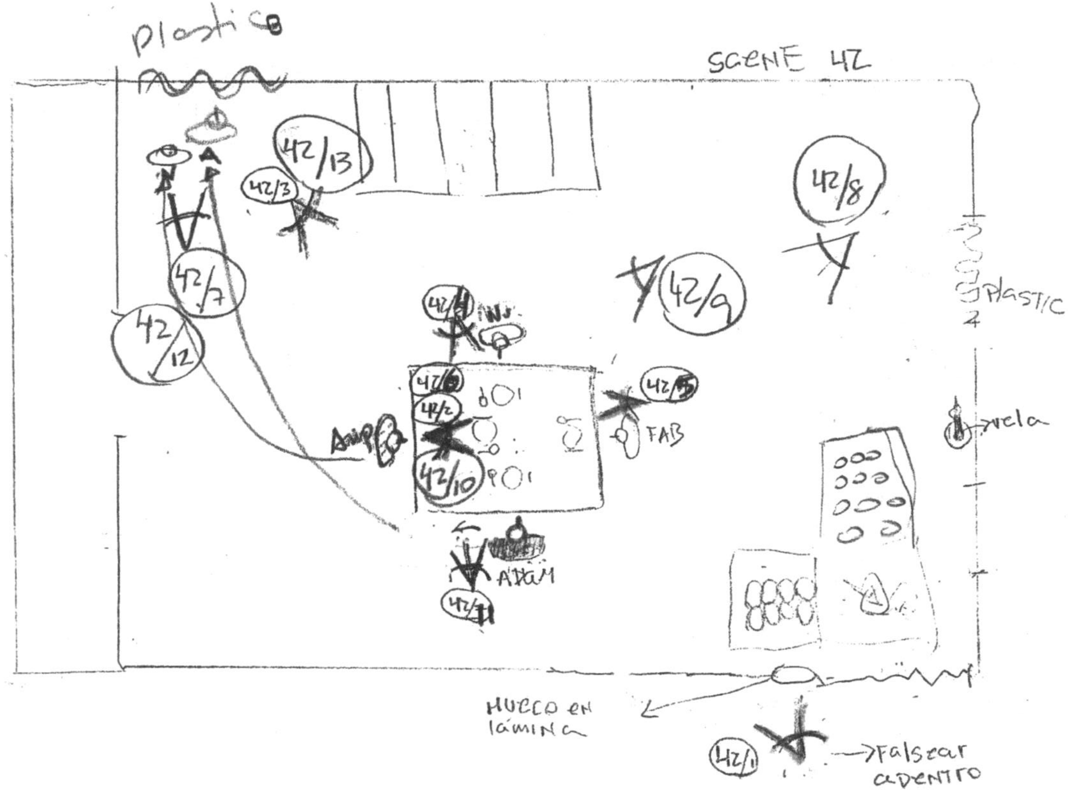
SCENE 42
plastico
42/13
42/3
42/7
42/12
42/8
42/9
PLASTIC
vela
FAB
ADAM
Hueco en lámina
42/1
Falsear adentro

42/1

42/2

42/3

42 INT. NCITE. CASA DE PALAFITAS

Amparo coloça sopa em todos os pratos. Chove la fora.

Fábio a observa.

Núria e Adão estão também sentados na mesa. Aparece a alça fuorescente do sutien de Nuria, sob sua regata. Começam a comer. Adão é canhoto. Fábio olha para o lado, na sua direção.

FABIO

E como que se nasce gêmeos?

AMPARO

Assim, normal. A mamãe dá a luz a duas crianças ao invés de uma.

FABIO

E elas são igualitas?

AMPARO

As vezes, sim, as vezes não.

FABIO

Mas eles nascem ao mesmo tempo?

42/6

42/7

42/8

Adão olha para Amparo apreensivo.

AMPARO (O.S)

Não, sempre um nasce un poquito antes do otro.

FABIO (O.S)

Mas eles fazem tudo igual? falam igual, com a mesma voz, andam igual, usam as mesmas roupas, fazem tudo tudo igual?

Amparo e Adão se olham.

AMPARO

As vezes sim, as vezes não... por que?

Adão come com a mão esquerda.

FABIO (O.S.)

Mas se um é canhoto, o outro também é, por exemplo?

Amparo olha pro marido, de rabo de olho. (silêncio)

AMPARO

~~Si, pode ser.~~ As veces si, As veces No.

Fábio muda de mão sua colher, para comer com a mão esquerda, imitando o pai.

Adão, aparentemente não concorda com a estratégia da compaheira,

42/7

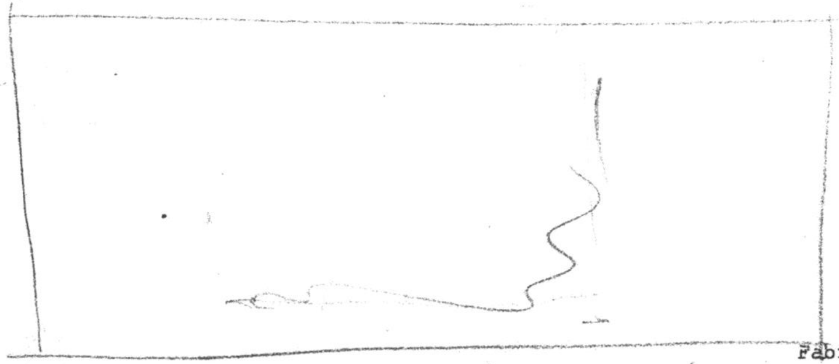

Plástico trepida

42/8

e observa o plástico da porta que trepida com o vento.

AMPARO

Toma sua sopa direito, se não esfria.

FABIO

Eu já comi esta sopa ontém...

AMPARO

Não importa. Come de novo, que é o que temos pra hoje.

Fábio estica a mão para pegar uma arepa quentinha, de várias que estão empilhadas, alinhadas no fogão a lenha atrás dele. Amparo faz um ruído impedindo-o.

AMPARO

Ya comestes una, hijo. Estas son para vender.

FABIO

Eu não aguento mais comer peixe. Tudo de peixe.

ADÃO

Não reclama...

AMPARO

... que tá cheio de gente passando fome.

Fábio olha para Adão e depois para Amparo.

FABIO

Você parece meu pai falando. Igualzinho.

42/9

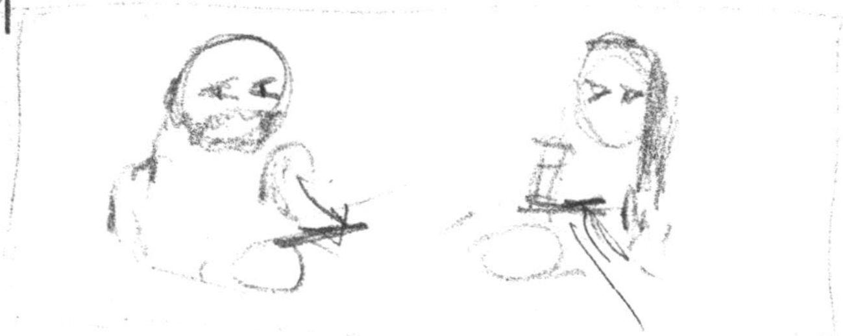

Adão e Amparo se olham.

AMPARO

Come, vai. Depois pode pegar mais uma.

42/10

Fabio come com má vontade.

42/11A

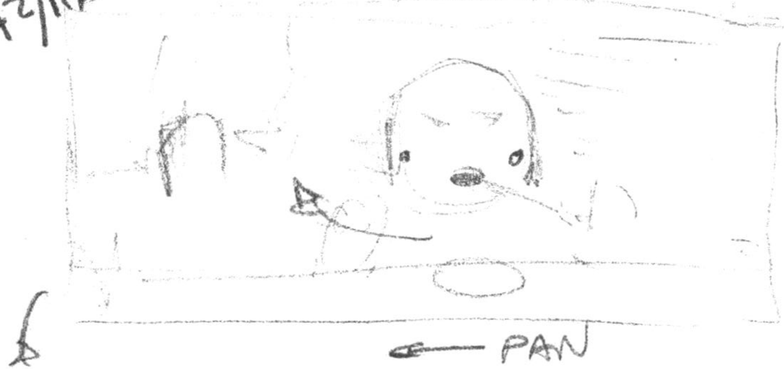

Uma ponta maior do saco plástico se desprende com o vento, fazendo barulho. Adão se levanta e vai arruma-lo. Quando se abaixa vemos sua cueca fuorescente aparecer na borda da calça.

ADÃO

Isso não vai aguentar os temporais daqui...

42/11B

Núria se aproxima dele com um sticker forescente que pegou de sua mochila para ajudá-lo a prender a ponta do saco plástico.

42/12

Close up do plastico + Adão e Núria + sticker

42/13

Fábio e Amparo continuam comendo na mesa sozinhos. Os pratos de Núria e Adão estão cheios, com sopa.

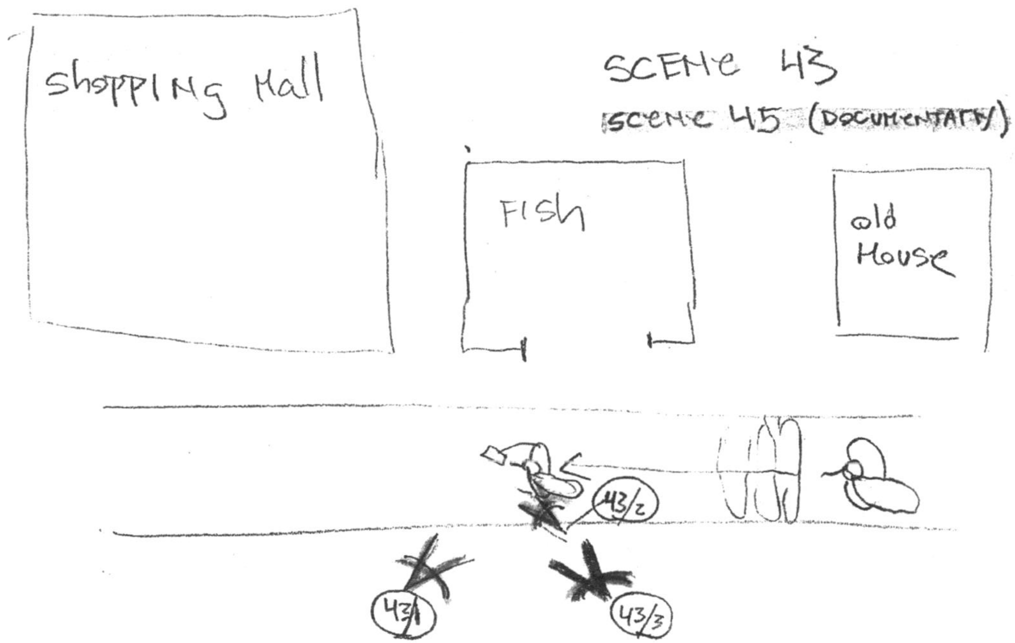
SCENE 43
SCENE 45 (DOCUMENTARY)
shopping Mall
FISH
old House
43/1
43/2
43/3

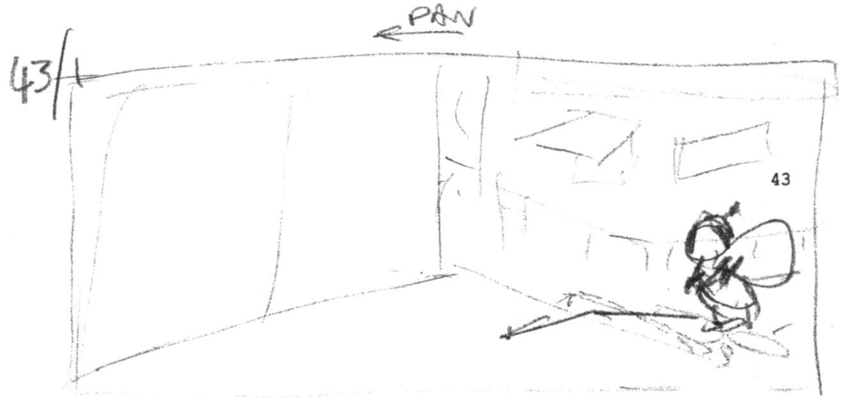

43 EXT. DIA. PORTO DE LETICIA /ENTREGA DE PEIXES

Amparo, toda vestida de branco, ao entregar um saco de peixes enorme no porto de Leticia, recebe um telefonema no celular.

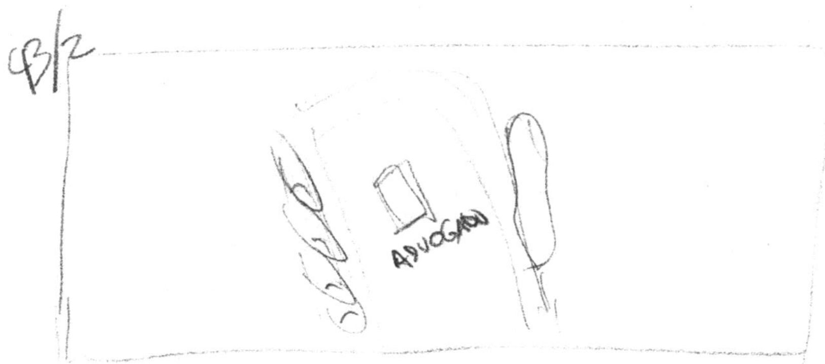

identifica na tela que é o ADVOGADO ligando. Coloca o saco no chão e atende.

43/3

ADVOGADO (O.S.)

(em portunhol)

Mira, averiguei e a petrolífera está pagando uma indenização de 25 milhones de pesos para cada desaparecido. Eu posso te adiantar 15 pra cada, e fico com 10 pelos meus honorários. Você só precisa assinar uma procuração, que eu entro com a documentação aqui.

AMPARO

25 milliones? Mas lá nos disseram que estavam pagando o dobro deste valor.

ADVOGADO (O.S.)

(em portunhol)

Eu posso tentar negociar, mas pode levar anos para ganharmos a ação.... estas multinacionais são muito poderosas....ainda mais petrolifera... e isso é o que estão oferecendo, no momento, de imediato. Você quer pensar um pouco sobre esta proposta, e depois me avisa? Compreendes la sitacion? Queres passar aqui para conversarmos melhor?

AMPARO

Si, compreendo. Despues passo ahí. Gracias.

Amparo, um pouco puta da vida desliga o telefone.

Som de trovão e chuva que se aproxima.

45/1

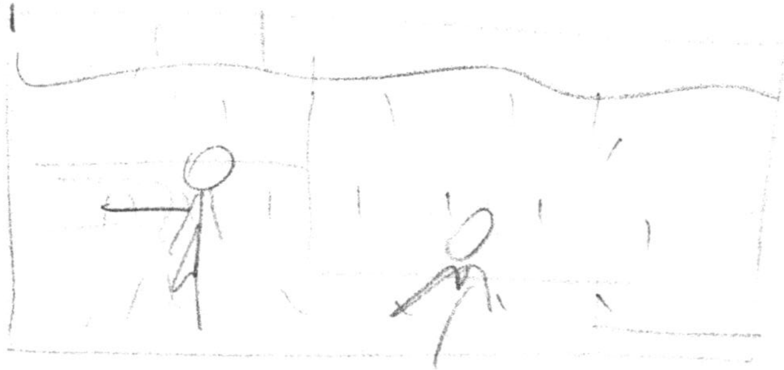

45/2

44 OMITTED

45 EXT. DIA. VIELAS PROXIMAS PORTO DE LETICIA - CHUVA

Chove proximo ao porto de Leticia. As pessoas tentam se proteger.

PASSA Amparo

DOC.

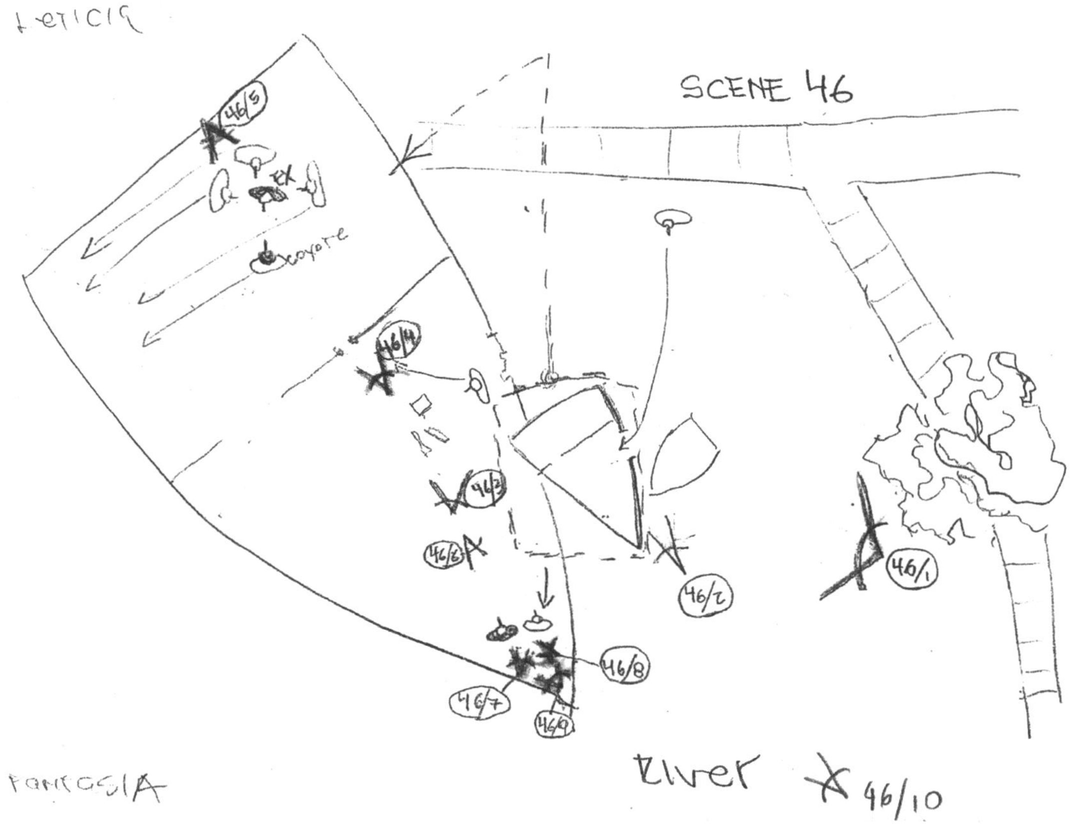
SCENE 46
46/5
EX
coyote
46/4
46/2
46/3
46/2
46/1
46/8
46/7
46/9
River
46/10

46/1

46

INT. DIA. BARCOS ENCALHADOS - CHUVA

Nuria entra num barco abandonado para se proteger da chuva. Ouve ruidos abafados.

46/2

46/3A

Vê no chão a BOLSINHA DE EXLENDY, aberta, com suas coisas espalhadas no chão. Reconhece sua voz, abafada.

Close up da bolsa Exlendy

TILT UP

46/3B

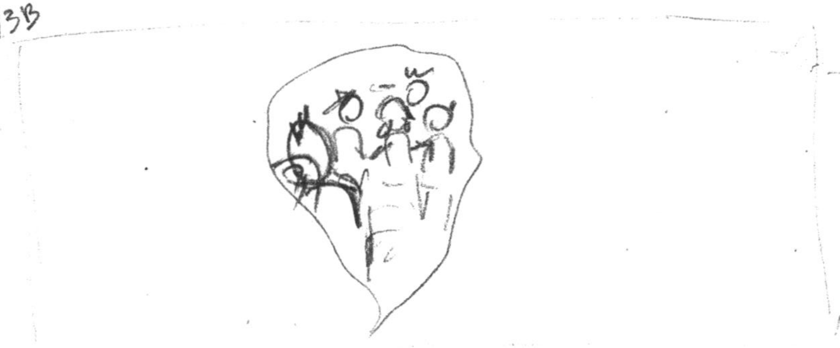

Vê por uma fenda no barco a amiga presa por 5 adolescentes, enquanto COYOTE a interroga, com seu celular na mão.

COYOTE

Dame un besito, que te devolvo. Nada más.

EXLENDY

No!

Exlendy se defende, lutando o quanto pode.

COYOTE

Então me diz o que sabes. És muy simples.

EXLENDY

Yo no sé nada, ya le dice!

COYOTE

Como conseguistes eso?

46/4

46/5

Coyote mostra um contato no celular dela.

EXLENDY

És de mi papá.

COYOTE

Y el senhor Sisisi, sabe? Que tu papá tiene negócios con ellos?

EXLENDY

Yo no me meto en sus afazeres.

COYOTE

Vem aqui que vou passar um recado pro seu pai.

Os garotos levam Exlendy a força até ele, que lambe seu ouvido. Eles riem. Ela tenta se soltar.

Nuria faz barulho ao se apoiar numa parede de ferro enferrujado do barco, que se curva. Os adolescentes ouvem o barulho, saem corendo de lá, soltando Exlendy. Coyote joga o celular de Exlendy no chão, próximo dela.

COYOTE

No te olvides.

Exlendy pega o celular sua presilha de borboleta quebrada, no chão.

46/6

Núria ~~ajuda a amiga a recolher as coisas de sua bolsa, espalhadas pelo chão~~. s/ a bolsa da amiga se aproxime de Exlendy.

Esperam a chuva passar, em silêncio, por um bom tempo no barco abandonado.

46/7

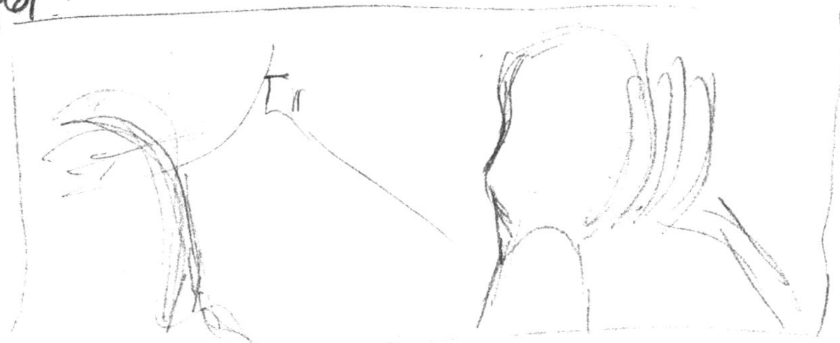

EXLENDY
Escutas este silêncio?

Núria para por um tempo e faz que sim.

EXLENDY
Meu pai sempre diz que antes de uma desgraça hay siempre um grande silêncio, tão ou mais forte que um bombardeio. Lo estás escuchando?

Núria aguça os ouvidos e faz que sim.

46/8

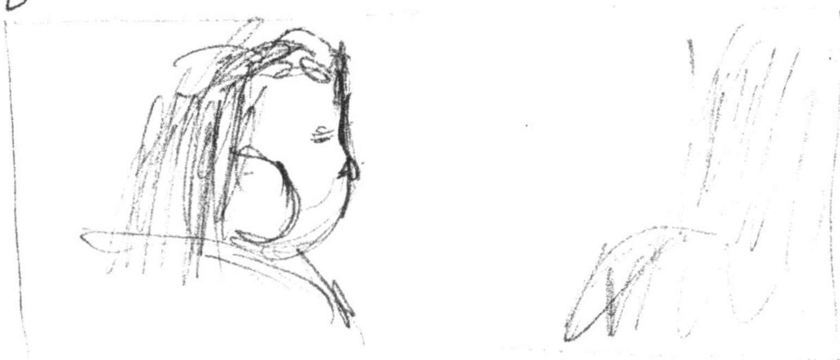

EXLENDY

Já ouvistes um bombardeio, si?

Núria faz que sim novamente.

EXLENDY

Claro. Quem não ouviu?

46/9

Observam a chuva caindo, levemente, lá fora. Escutam o silencio.

ou 46/7, 46/8, 46/9 → o mesmo take

47

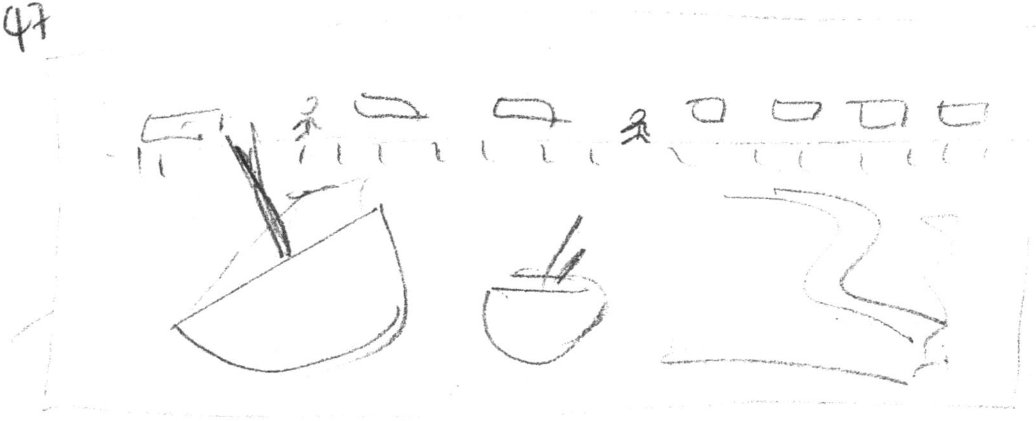

Pausa
depois da chuva

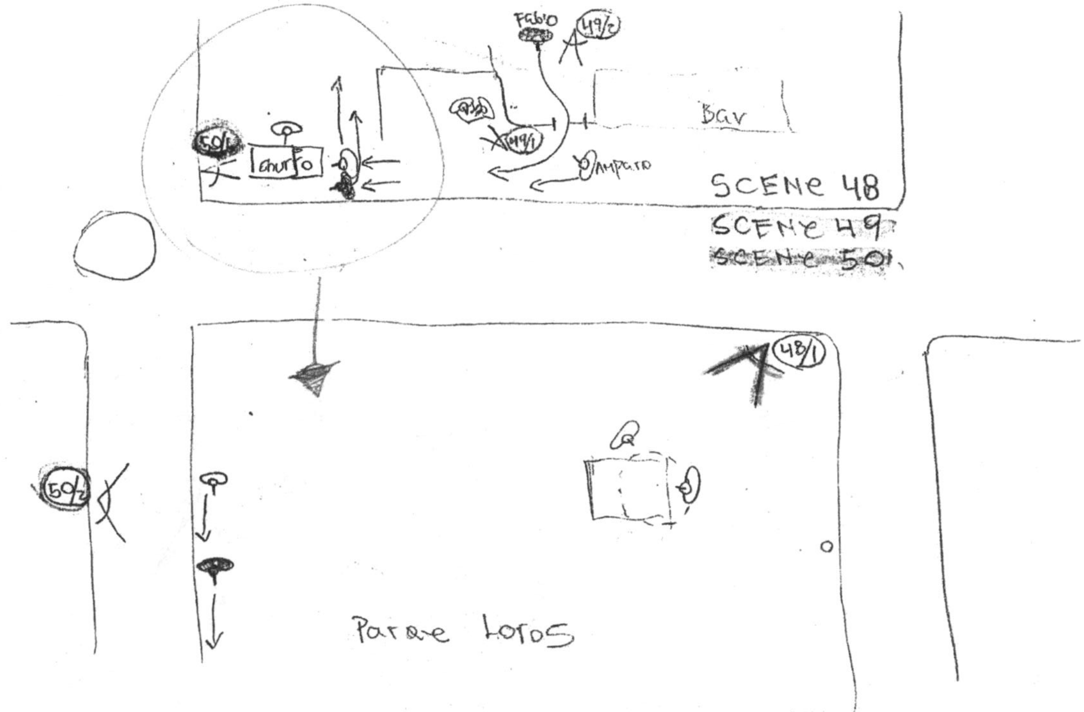

Fabio
49/2
Bar
49/1
Amparo
50/1
churro
SCENE 48
SCENE 49
SCENE 50
48/1
50/2
Parque Loros

48 EXT. DIA. PRAÇA NA FRENTE DA ESCOLA / VENDEDORA DE AREPAS

Amparo entrega um pacote grande de Arepas para a Vendedora.

VENDEDORA DE AREPAS
Estão maravilhosas! Fizestes de frango desta vez?

AMPARO
Não consegui... mas semana que vem trago mais variedades também.

VENDÊDORA DE AREPAS
Quantas você trouxe desta vez?

AMPARO
48.

VENDEDORA DE AREPAS
Precisamos amentar para 100. Você consegue?

AMPARO
Claro!

VENDEDORA DE AREPAS
Listo. Semena que vem espero 100 então. Toma a sua parte.

A Vendedora de Arepas entrega para Amparo algumas notas de dinheiro.

49/1

P.O.V Amparo

49/2

Close up de Amparo Emocionada

49 EXT. DIA. SAIDA DA ESCOLA

Amparo observa algumas meninas, da idade de Nuria, conversando na saída da escóla.

49/2

Vê Fábio saindo, usando o éu de cowboy do pai. Vai em sua direção, mas Fábio a direto por ela, que fica desconcertada.

FABIO
Não precisa vir me buscar, eu sei voltar sozinho.

49/4

AMPARO
Você não quer um churros?

FABIO
Y temos plata pra isso?

Amparo sorri.

50 EXT. DIA. PRAÇA NA FRENTE DA ESCOLA

Amparo compra um churros para Fabio, na praça principal, e saem andando de lá. Outras duas crianças que comem churros na praça andam com tênis que piscam luzes fuorescentes a cada pisada.

Fábio anda rápido e Amparo tenta alcançá-lo.

FABIO

Você está fedendo a peixe.

Amparo, golpeada, deixa que Fábio ande mais rápido do que ela, na frente, mas segue atrás dele.

51

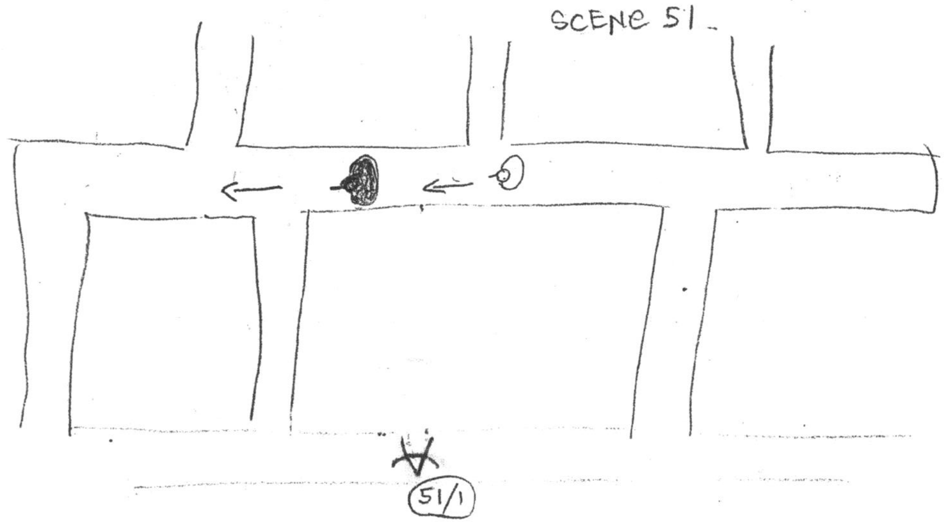

51 EXT. DIA. PINGUELAS DE PALAFITAS PROXIMAS AO PORTO (ATRAS DA BIBLIOTECA)

Fábio e Amparo passam pelas pinguelas das palafitas, perto do porto de Letícia.

AMPARO

Fábio, só falta levar mais 12 sacos e já vou para casa, si?

Fábio, emburrado, faz que sim com a cabeça.

FABIO

Eu posso trabalhar, também, sabia? Não é difícil levar as pessoas nas canoas...

AMPARO

Nada de trabalhar, você vai pra casa estudar, que eu já tô indo. Combinado?

FABIO

Si.

AMPARO

Si?

FABIO

Si, senhora.

Fábio se distancia, assoviando baixinho o assovio do pai.

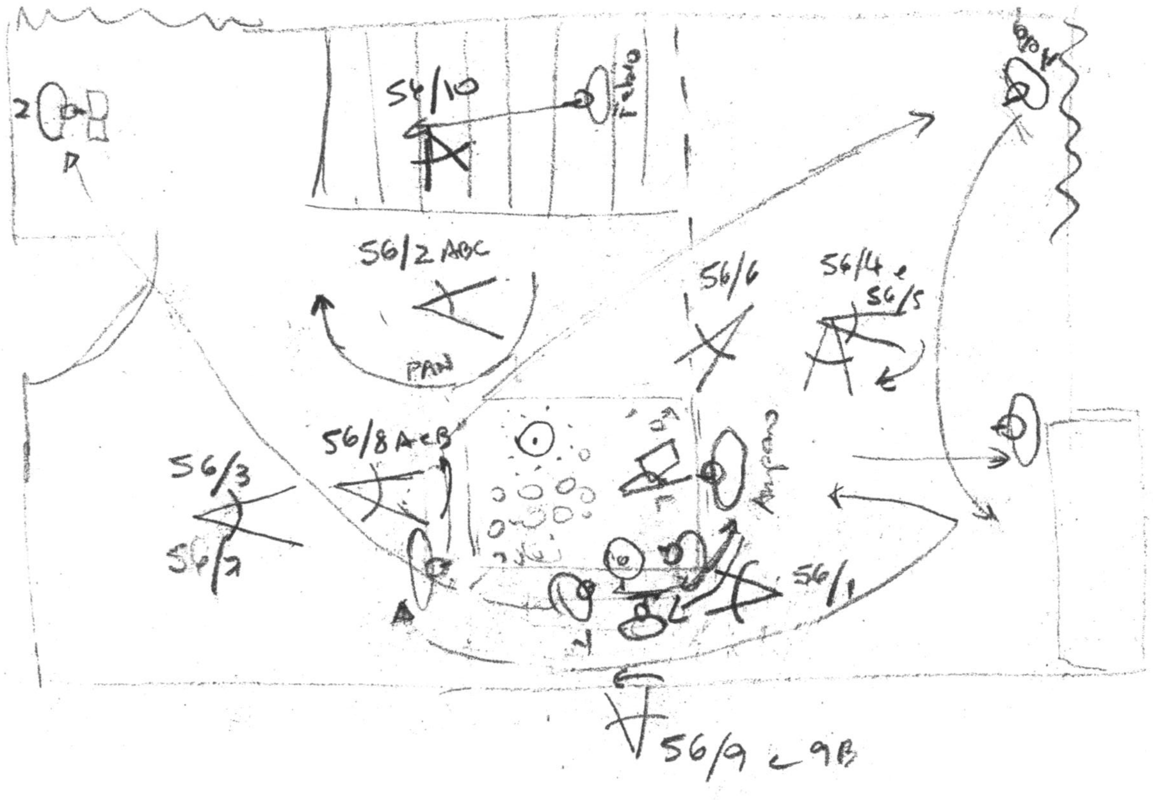
56/10
Fabio
56/2 ABC
PAN
56/6
56/4 e 56/5
56/8 A e B
56/3
56/7
56/1
56/9 e 9B

56 INT. NOITE. CASA DE PALAFITAS

AMPARO está moendo milho para fazer as arepas recheadas de queijo.

Nuria a ajuda, colocando farinha ~~na massa que Amparo sova~~.

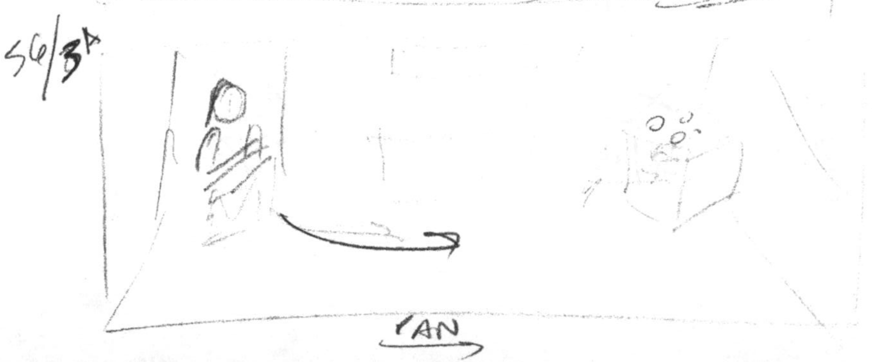

Adão entra em casa carregando lenha para o fogão. Ele tem um pingente e os cabelos presos com uma chuquinha fuorescente.

AMPARO (O.S.)

E a lição de casa? Está pronta?

FABIO (O.S.)

Hoje não tem...

AMPARO

Não tem.... Sei... depois quero ver o seu caderno!

Núria vai para próximo da porta, onde pega seu caderno e caneta marca texto da mochila para usar, sentada no chão.

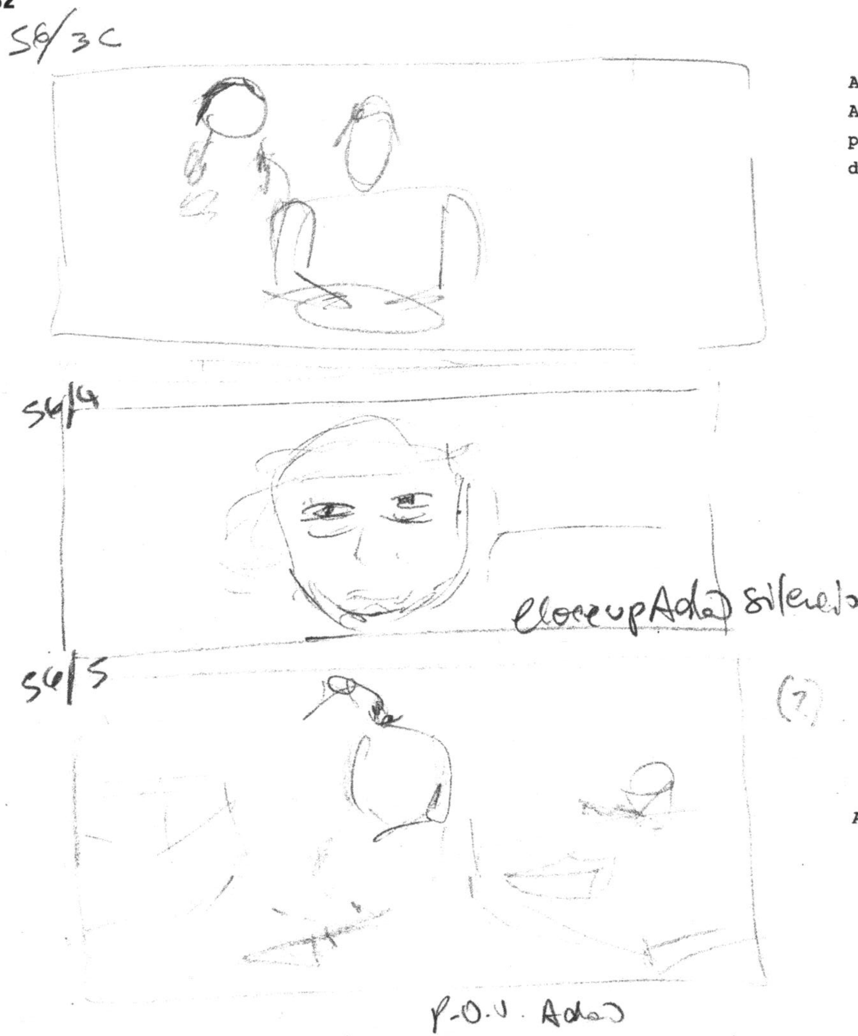

Adão se aproxima de Amparo roubando um pedaço de queijo. Amparo bate em sua mão. Ele retribui com um beijo em seu pescoço. Toca uma salsa no celular ligado a uma caixinha de som, chinesa.

AMPARO

O que te parece a proposta do advogado?

ADÃO

Acho muito estranho ele adiantar o dinheiro. Como assim ele só consegue 25 milhones?
Com certeza ele vai cobrar muito mais da petrolifera! A família do Carlos conseguiu 200!

AMPARO

Eu sei que é pouco, mas é melhor do que nada.

ADÃO

Melhor do que nada?

Silêncio.

ADÃO

Vocês não deviam ter saido de lá.
Vai ser difícil pressionar daqui.

Amparo olha para o marido, com uma faca grande na mão.

AMPARO

A gente não devia ir embora? Você queria o quê? Que desaparecessem com mais alguém?

56/6

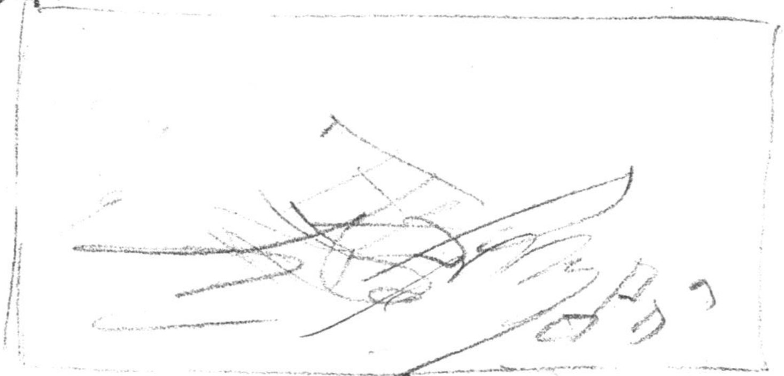

Close up mãos Amparo cortando o queijo

56/7

ADÃO

Para viver em baixo de uma lona? Sem casa? E deixar tudo o que construimos pra trás?

AMPARO

Agora ficou pra trás de qualquer jeito.

ADÃO

Vamos voltar! Ocupar o que é nosso.... Que construímos por tantos anos....

AMPARO

Já vai estar tudo destruído...tomado. Melhor irmos pro Brasil, que lá não corremos o risco de nos reconhecerem. A Lucélia falou que Manaus é como Miami na America do Sul. Ta todo mundo lá. → Olha lá ele

ADÃO

Se tá todo mndo lá, deve ter paracos também.

AMPARO

Mas se estão lá, já desistiram da guerra, e estão também fugindo, como nós. E não é educado perguntar do passado de ninguém.

ADÃO

E se estiverem vivendo ali, na mesma rua? você faz o quê? ~~ele não tinha nem 12 anos de idade~~.... ~~mataram "Por que deu vontade" como disseram~~...

AMPARO

A gente muda de rua.

ADÃO

E vamos passar o resto da vida nos mudando?

AMPARO

Você que nos colocou nesta situação. Eu disse para você não se envolver... não dar entrevistas...

ADÃO

E você queria que eu ficasse parado? Que deixasse que destruissem tudo que construimos? A escola das crianças? As duzentas casas que erguemos do nada? A cooperativa agrícola?

AMPARO

Mas não precisava se expor tanto.

ADÃO

Você concordou que a gente precisava se organizar! Desde que acharam petróleo, ficou claro que íam nos expulsar de lá! Dito e feito!

AMPARO

Aí quando as coisas saem de controle, você desaparece, e eu tenho que resolver tudo sozinha, de novo.

ADÃO

Você mesmo disse que não estava mais conseguindo ficar ali!

AMPARO

Tinha que ter me consultado primeiro!

ADÃO

E você acha que eu escolhi o que aconteceu? ao menos com esta indenização dá pra começar uma nova vida, no Brasil, ou onde você quiser... Você mesma disse que estava cansada, que não agenta mais esta guerra, que não queria ver o Fábio com o mesmo destino do Angel...

AMPARO

Então não reclama que viemos pra cá.

ADÃO

Eu só acho que não dá para aceitar tão pouco.

AMPARO

Tudo é injusto pra vc.

ADÃO

Mas é mesmo!

AMPARO

Eu sei que é. Mas é o que temos para hoje. Se formos pedir mais sabe-se lá quanto tempo vai demorar para receber, e eu não quero ficar esperando.

ADÃO

E por que a pressa?

Amparo ~~levanta os olhos~~ olha na direção dele, e ~~continua picando o queijo~~ vai, furiosa, sem responder.

Adão dá de ombros, se afastando.

AMPARO

Fácil dar de ombros, né? Não é você que tem que dar conta de tudo...

Adão sai de perto, invocado, acendendo um cigarro no fogão para fumar, fora da casa, passando pela abertura no plástico da parede do "banheiro".

Fábio vê a mãe resmungando sozinha. Nuria faz a lição de casa, marcando uma apostila com uma caneta fuorescente marca-texto próximo à porta de entrada na casa.

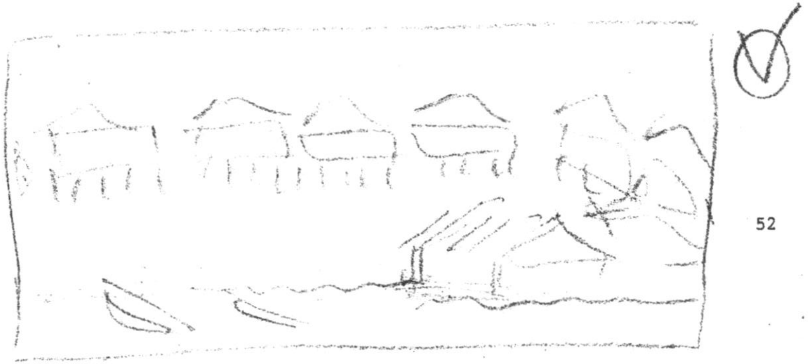

52 EXT. DIA. ISLA DE LA FANTASIA/ CAMPINHO DE FUTEBOL 52

A água do Rio está na altura do campinho. Crianças jogam futebol na lama, divertindo-se.

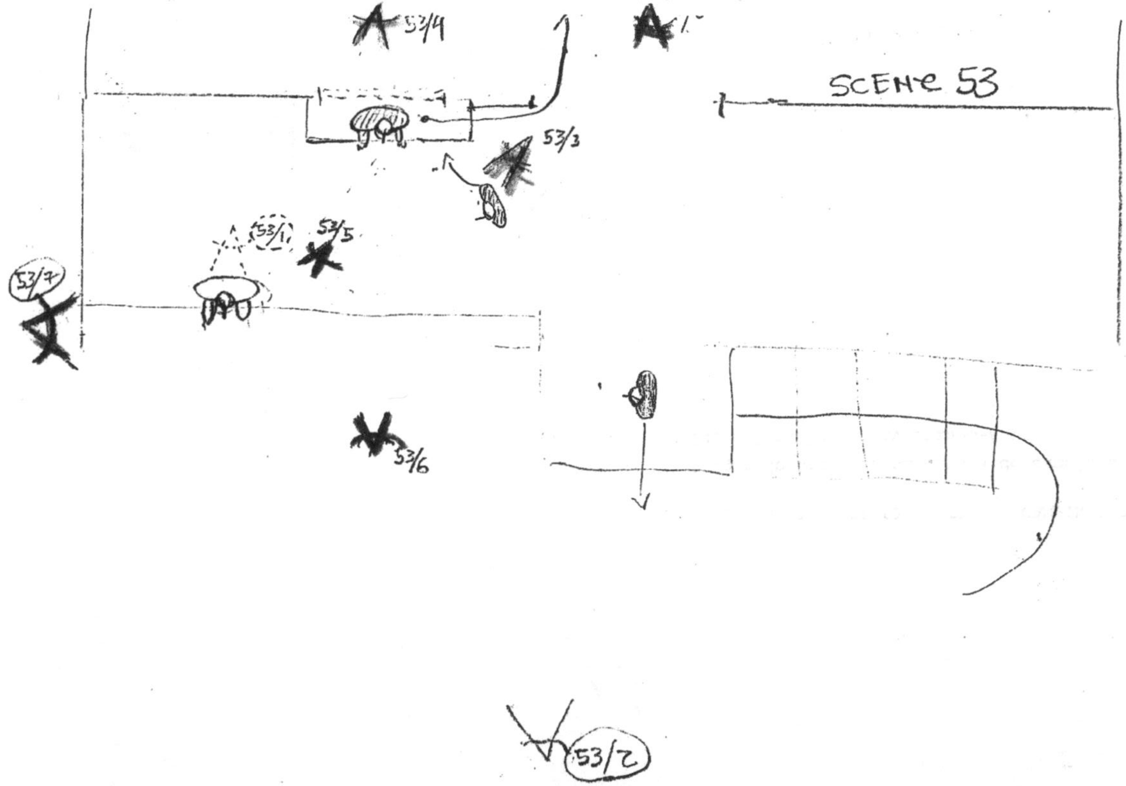
SCENE 53
53/4
53/3
53/1
53/5
53/7
53/6
53/2

53/1

53 EXT/INT. DIA. CASA DA ABUELITA 53

Nuria, sentada com as pernas penduradas da varanda da casa da Abuelita, joga um yo-yo que brilha com luzinhas fuorescentes. Ela está com os chinelos, brincos, pingente, pulseira e uma saia fuorescente.

53/2

Abuelita aparece na varanda, saindo da sua casa.

ABUELITA

Nuria, você sabe onde sua mãe guardou a máquina de costura?

Nuria faz que não com a cabeça.

ABUELITA

Você nunca foi de falar muito, não?

53/5

Núria fica apreensiva.

ABUELITA

Você conhece a história do coronel que tinha orelhas de burro?

Núria faz que não.

ABUELITA

Era a história favorita da sua mãe. Ela nunca te contou? A mãe dela contava pra ela todas noites, por muito tempo.

Núria faz que não novamente.

ABUELITA

Bom, talvez ela se esqueceu...

Abuelita começa a contar.

ABUELITA

Mas existia um coronel, muito poderoso, que tinha terras e mais terras, todo mundo o respeitava, mas ninguém sabia que ele tinha orelhas de burro, debaixo do seu chapéu. Grandes assim, e peludas. E o único que sabia disso era quem? O seu cabelereiro, claro, que lhe tirava o chapéu para cortar o cabelo. E ele não podia contar este segredo para ninguém, sob pena de ser morto por ele. Pois quem ia querer obedecer um coronel que tem orelhas de burro?!

Nuria levanta as sobrancelhas, curiosa. (PAUSA)

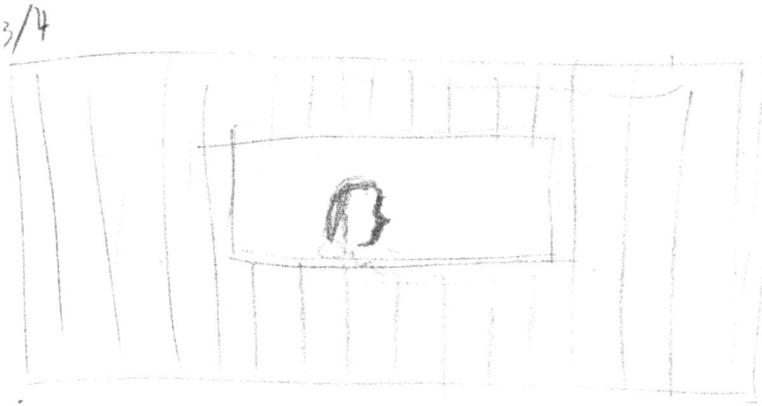

De dentro da casa, pela janela, Maria vê a Abuelita contando a história.

ABUELITA

O cabelereiro, coitado, cortava o cabelo dele, mas ficava com aquela aflição, pois não podia contar este segredo pra ninguém. Nem para sua mulher ou filhos. E a língua dele coçava. E ele suava. E muito. E tinha pesadelos. Até que um dia, ele teve uma idéia! Cavou um buraco bem fundo, num mange, longe da cidade onde viviam, para poder gritar bem alto, dentro do buraco, sem ser ouvido, "o coronel tem orelhas de burro! O coronel tem orelhas de burro!" e quanto mais ele gritava no buraco, mais ele se sentia aliviado!

Exlendy se aproxima da varanda, ouvindo com atenção.

ABUELITA

Você sabe o que aconteceu?

Nuria faz que não. Exlendy sorri, maneando a cabeça em sinal de sim, enquanto apoia-se na varanda.

ABUELITA

Um monte de bambu cresceu naquele buraco, e sempre que bate o vento todos ouvem "o coronel tem orelhas de burro! O coronel tem orelhas de burro!".

Nuria e Exlendy riem.

ABUELITA

E ele teve que assumir as orelhas dele.

Abuelita puxa as próprias orelhas.

ABUELITA

Você tem certeza que não sabe onde a sua mãe guardou a máquina de costura que pegou emprestada?

Núria faz que não.

ABUELITA

Então tá bom. Quando ela voltar pede para ela me procurar.

Abuelita volta para dentro da casa, Exlendy susurra para Nuria.

EXLENDY

Eu sei onde fica este bambuzal, você quer ver?

Nuria faz que sim, hesitante.

Descem da palafitas, pulando desde a varanda.

SCENE 54
54/1
PAN
PAN
54/2

54/1A

54/1B

54 EXT. DIA. ISLA DE LA FANTASIA, DA CASA DA ABUELITA EM DIREÇÃO AO LAGO

Nuria e Exlendy caminham lado a lado, por entre as casas de palafitas, sobre o chão um pouco alagado.

EXLENDY

A Abuelita já te contou dos fantasmas aqui da ilha?

Nuria faz que não, assustada.

EXLENDY

Aqui tem muitos fantasmas, precisa tomar cuidado. Porque as vezes eles entram no nosso corpo e fazem a gente fazer coisas que não quer.

Que nem com o Coiote que você viu lá nos barcos - você se lembra?

Nuria faz que sim.

EXLENDY

As vezes ele é muito legal, mas vira e mexe ele é incorporado e faz coisas que não quer. Eu tento explicar para ele, que não pode. Mas ele diz que não consegue se segurar.

Passam por uma casa.

EXLENDY

Tinha uma mulher que morava ali, atras do campinho, matou os dois filhos. Um era bebezinho. Tava incorporada. Depois ela se matou também. Hoje em dia, as vezes, ela aparece no corpo de outras pessoas que batem nos filhos.

Nuria arregala os olhos, enquanto caminha com a amiga.

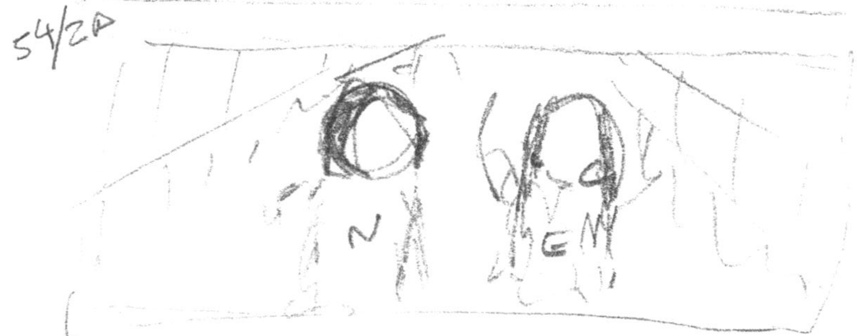

EXLENDY

Na sua casa, você nunca viu nada, não?

Nuria faz que não, achando estranho o papo da amiga.

EXLENDY

Na minha, as vezes, aparece uma maçã, um copo, ou o cabelo de um fantasma.

Andam cada vez mais rápido, se distanciando pelo caminho.

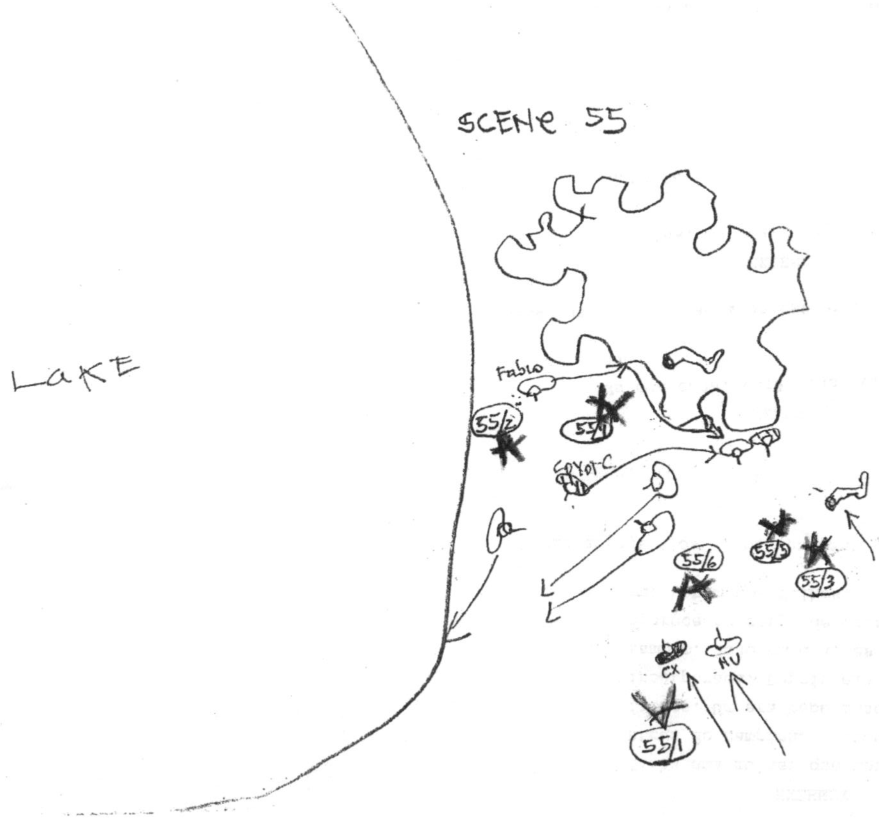
SCENE 55
LAKE
Fabio
Coyote-C
55/1
55/2
55/3
55/4
55/5
55/6
CX
HU

55/1

55 EXT. DIA. LAGO DA ISLA DE LA FANTASIA

Se aproximam do lago, proximo a um mangue, cheio de raizes de árvores, onde tem um bambuzal. Vêem um grupo de crianças jogando uma protese de perna entre si. No meio delas, COIOTE, de sunga de banho, pulando em um pé só, tenta recuperá-la.

55/2

Exlendy e Nuria páram e observam de longe.

Fábio está entre as crianças, e tenta ajudar Coiote, arremessando lama nas outras crianças, com fúria. Coiote, apesar de mais ser mais velho que as outras crianças, sem sua perna, fica indefeso.

55/3

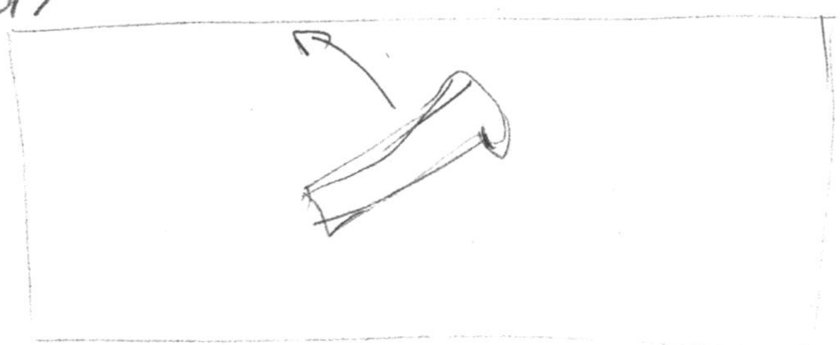

A perna é jogada para cima e fica presa na copa de uma árvore. As crianças saem rindo dali.

55/4

Fábio sobe na árvore

para pegá-la.

55/5

Coiote acende um cigarro, sentado no pé da árvore.

Coiote coloca sua perna de volta, sentado ao lado de Fabio. Passa o cigarro para o novo amigo.

EXLENDY

Este é o lago das sereias. tá cheio de piranhas. Muita gente já desapareceu aqui.

Fábio dá um trago no cigarro do amigo, tosse, e eles riem.

55/6

Nuria e Exlendy observam de longe.

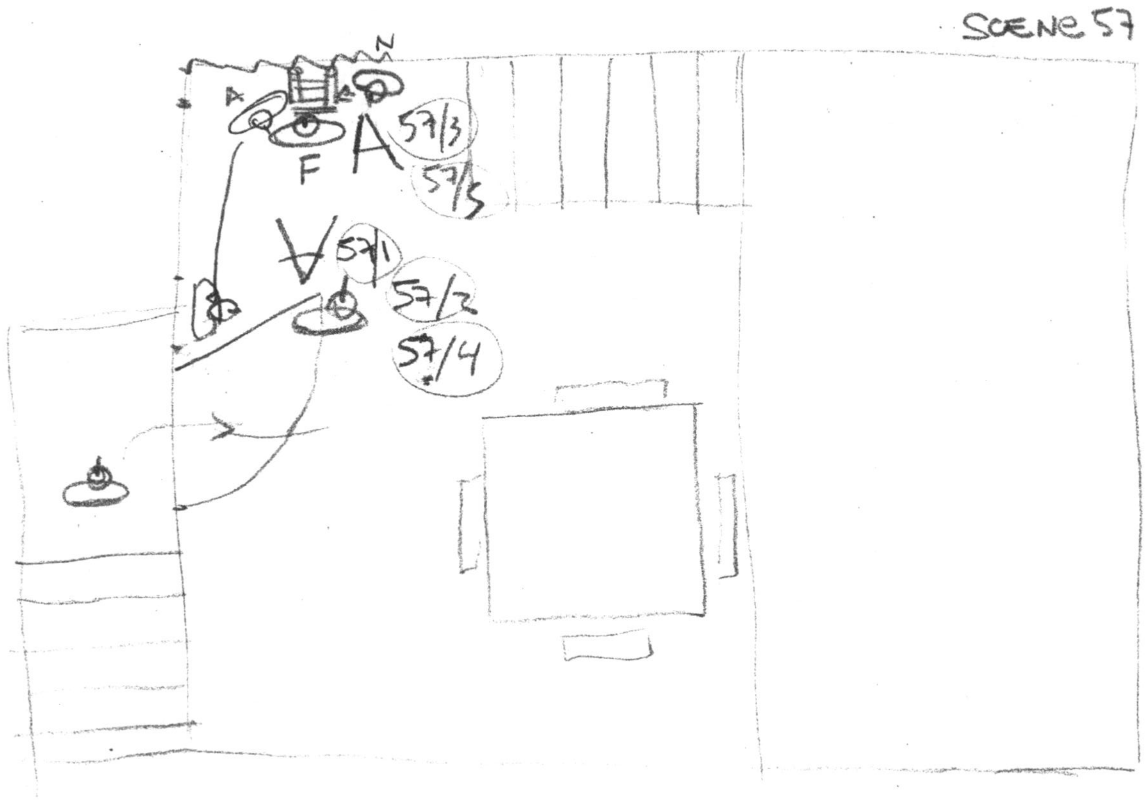
SCENE 57
N
A
F
A
57/3
57/5
57/1
57/2
57/4

57/1A

57/1B

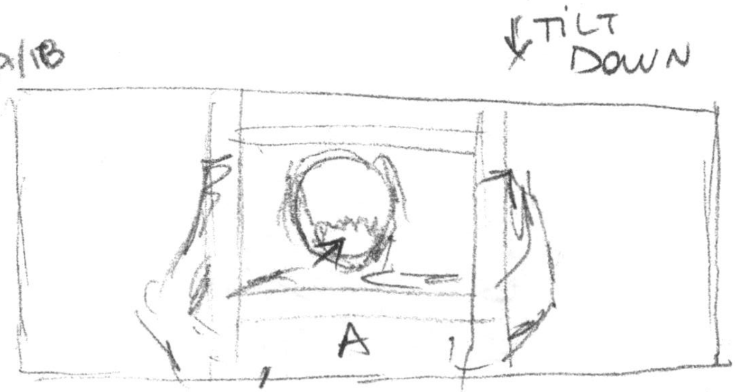

57/2A

ADÃO

Más para lá, isso. Tenta deixar a tábua o mais próximas possível.

Adão usa um pingente fuorescente, sobre o dorso nu.

Ouvem ridos na escada de fora da casa.

AVUELITA (O.S.)

Permisso.

FABIO

La Abuelita!

~~Fábio~~ Nuria olha espantado para a direção da porta,

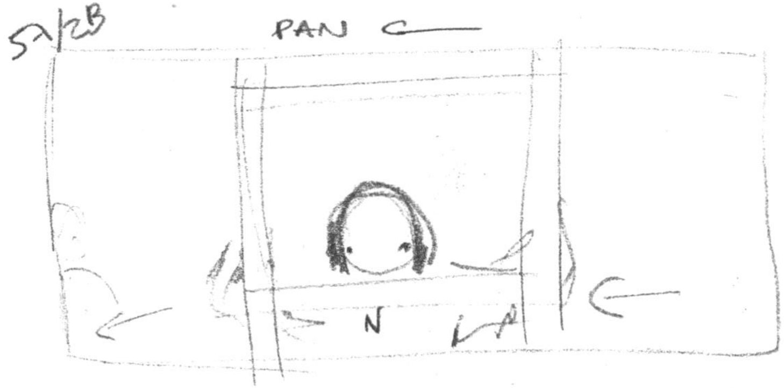

Adão se esconde correndo atrás desta, enquanto Núria, com uma blusa com desenhos fuorescentes, toma seu lugar.

Abuelita, abre devagar a porta da casa.

ABUELITA
Permisso.

Nuria olha para ela.

FABIO
Adelante Abuelita.

ABUELITA
Ah, que lindo, estão arrumando a casa?! E su mamá? donde estás?

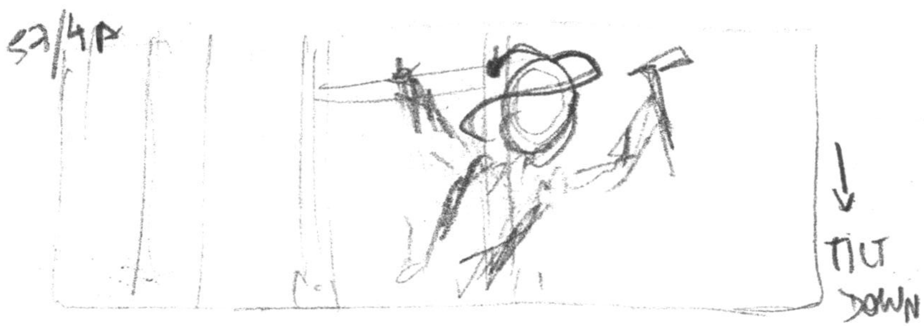

FABIO
En la fabrica de peixes.

ABUELITA
La maquina de costura no está aqui, no?

Nuria faz que não.

ABUELITA

Onde será que ela levou?

FABIO

Ni idea.

ABUELITA

Por favor, me llama quando ela llegar. Hoje temos asssembléia da Isla. É importante ela ir.

Nuria concorda.

FABIO (O.S.)

Pode deixar que falo para ela.

ABUELITA

Gracias! Quer uma ajuda com as tábuas?

FABIO (O.S).

Não precisa.

Avuelita dá uma úkltima olhada ao redor da casa. ~~Vê as arepas sob um pa~~no.

~~AVUELITA~~

~~Ah, ela está preparando arepas? Que delícia!~~

~~Ela pega uma para provar e~~ vai embora.

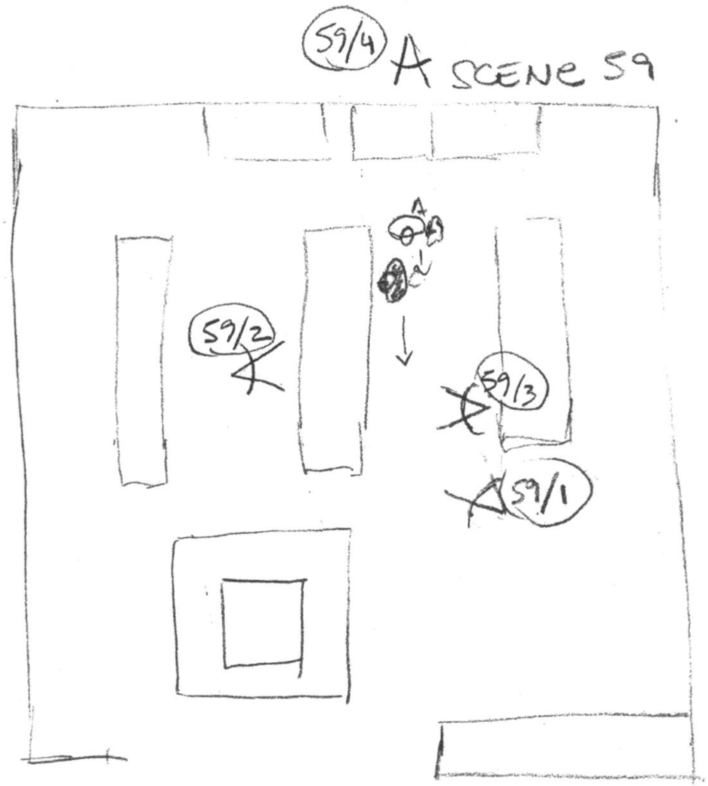
59/4
SCENE 59
4
2
59/2
59/3
59/1

59/1A

59/1B

INT. DIA. PEQUENO MERCADO

Carlitos está colocando preços nos produtos do mercado. Amparo está atrás dele, seguindo-o, enquanto tenta convence-lo a vender mais igredientes para ela.

AMPARO

Assim que passar a festa, te pago, com juros, se quiseres.

GERENTE

Perdón, mas eu não sou dono daqui, não posso te vender tanto igrediente assim, fiado. Se o chefe descobre, perco meu emprego. Eu sinto muito.

AMPARO

E donde está o dono daqui?

GERENTE

Não vive aqui.

AMPARO

Ah. Claro. Como sempre.

Amparo observa o mercadinho.

AMPARO

Se nota. E quando ele volta?

GERENTE

No sabemos.

AMPARO

Mira senhor gerente, no me faça pedir emprestado. Por favor. É uma oportunidade única. Você conhece esta festa de confraternizaçnao das fronteiras, verdad?

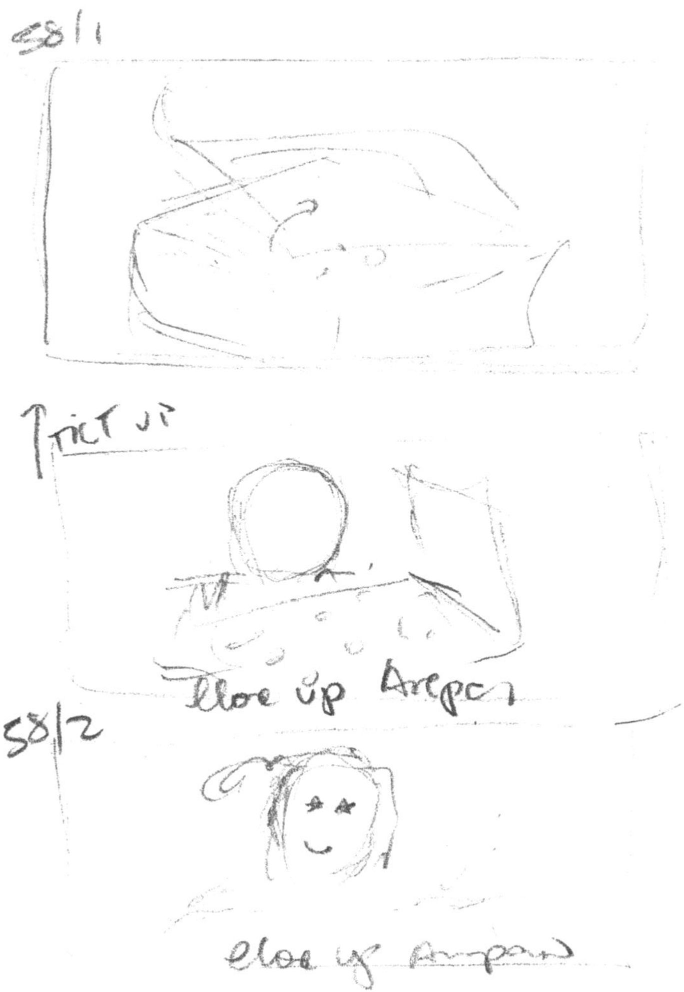

58 EXT. DIA. PRAÇA NA FRENTE DA ESCOLA / VENDEDORA DE AREPAS 58

Vendedora de Arepas abre a caixa que Amparo entrega ~~mais~~ 4 arepas recheadas de queijo ~~para a vendedora~~.

VENDEDORA DE AREPAS (OS.)

Quanto tempo pretendes quedar-se acá?

AMPARO (O.C).

No sabemos

VENDEDOR DE AREPAS

Porque mira, vai ter uma festa aqui na cidade daqui a uns meses, de confraternização das fronteiras, Peru, Colombia e Brazil. Muito famosa, vem gente de toda parte. Eu não vou estar aqui, mas posso te deixar o meu fogareiro, e você vende mais de 1500 arepas por noite. Vale pelo ano inteiro. Te interessa?

Amparo sorri.

AMPARO

E são quantas noites de festa?

VENDEDORA DE AREPAS

AMPARO

E quanto custa este fogareiro?

VENDEDORA DE AREPAS

Um novo custa 6 milhones. Te posso fazer por 3, pois já está bastante usado.

Amparo passa a mão no fogareiro, quase queimando-se.

AMPARO

Calientito!

VENDEDORA DE AREPAS

Si, funciona bem!

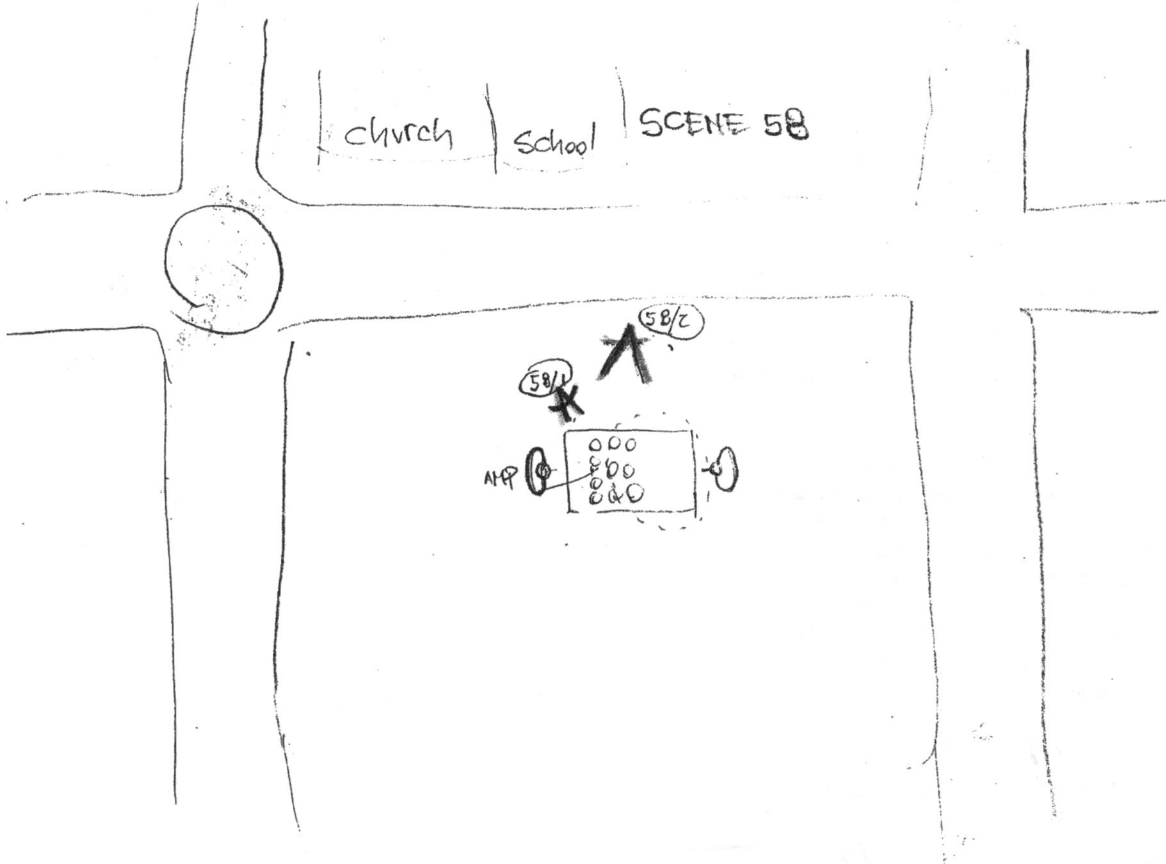
church
School
SCENE 58
58/2
58/1
AMP

59/2

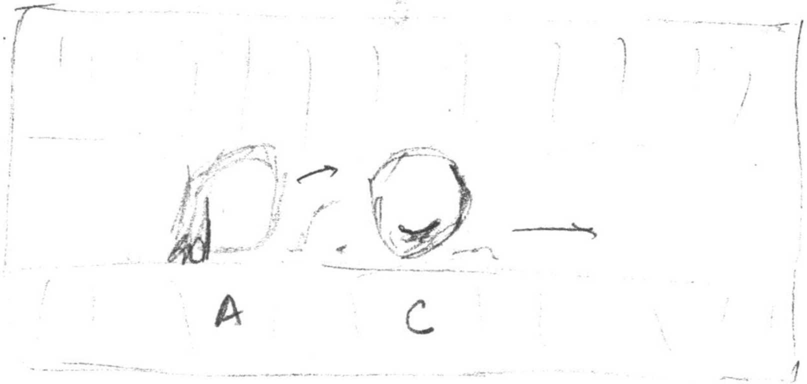

O gerente faz que sim.

AMPARO

E vem muita gente?

O gerente faz que sim.

AMPARO

Entonces! Não quer ser meu sócio?

O gerente sorri. Amparo devolve o sorriso, timida.

GERENTE

Perdona-me. No puedo.

AMPARO

Pero como faço yo, para conseguir tantos igredientes?

GERENTE

Cada um sabe como ajeita sua vida.

AMPARO

Senhor gerente, por favor....
Carlos su nombre, si? ....por Favor....

GERENTE

Eu não posso resolver o problema de todo mundo. Tem um cassino ali atrás, você pode tentar a sorte...

AMPARO

Ah, claro! Sorte eu tenho de sobra! Sempre posso contar... por favor Carlitos, não me faça piada!

GERENTE

Eu sinto muito. Esta quantidade fica impossível para mmim.

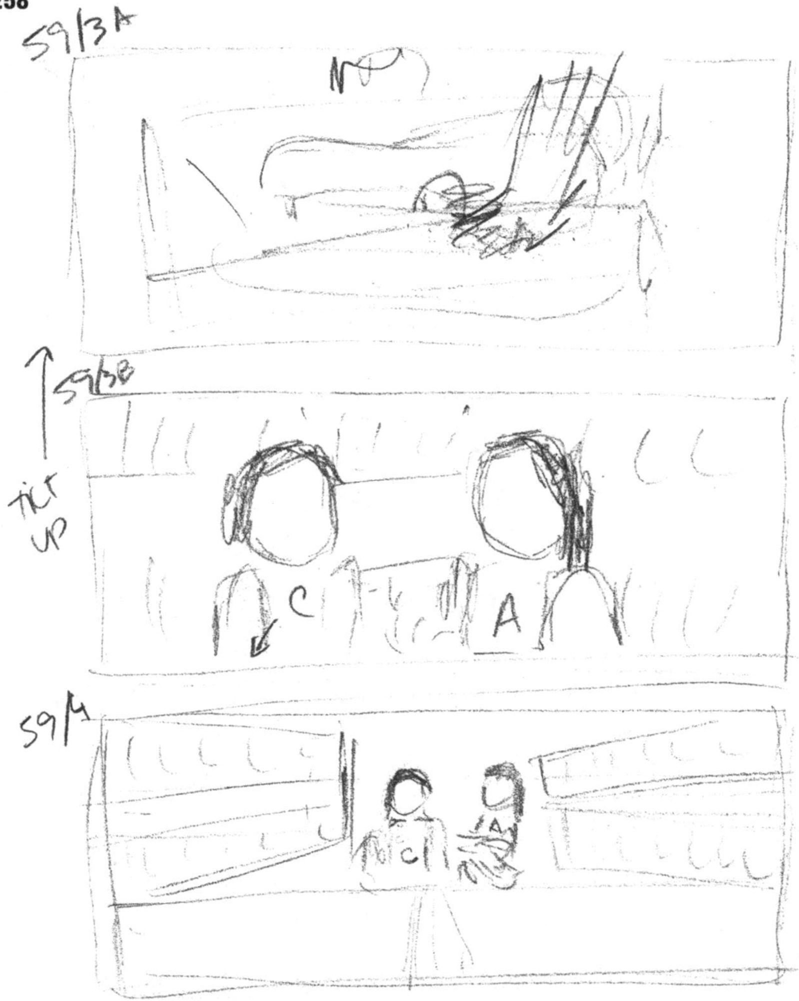

Amparo olha para a máquina de costura, numa sacola de feira, no chão ao lado deles.

GERENTE

Nem esta máquina vale isso. Leva o tanto que você pode pagar, e quando você vender as arepas, você vem buscar mais.

AMPARO

Mas assim não vou conseguir fazer o suficiente para a festa...

GERENTE

Eu sinto muito. Não dá para aproveitar todas as oportunidades que surgem na vida...

Amparo, olha decepcionada para ele.

AMPARO

Bueno... ao menos me pode emprestar um cantinho do seu congelador para guardar as que eu for fazendo?

GERENTE

Você não desiste, mesmo, heim?

Amparo sorri. Pega a sacola com a máquina de costura.

SCENE 60
CASINO
60/1
60/2

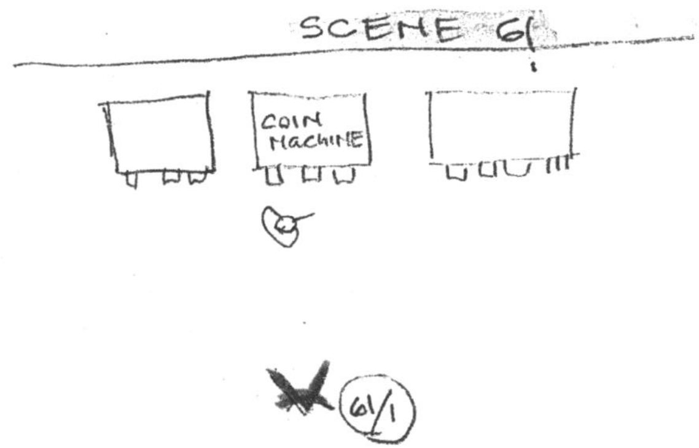
SCENE 61
COIN MACHINE
61/1

60/1

EXT. ENTARDECER/NOITE. RUAS DE LETICIA 60

Amparo, carregando a pesada máquina de costura numa sacola em um braço, e um pouco de farinha e mantimentos no outro, pára no meio da rua, e pega o celular.

60/2

Amparo olha para o número do Advogado na tela do celular. Hesita. Olha para o lado e vê um Cassino reluzente. Decide entrar.

61 EXT/INT. NOITE. CASSINO LETICIA

Amparo compra apenas uma ficha no cassino. Coloca na maquininha.

Perde.

AMPARO

Sabia.

Amparo saca seu celular e liga pro ADVOGADO.

AMPARO

Hola senhor advogado. Acá és Amparo Barqueiro Aires, si, si. Isso, Bien. Exatamente. Mañana passo aí para assinar. Listo. Gracias.

Desliga o telefone. Sai de sua cadeira, no Cassino.

SCENE 62
couche basket
AMP
62/2
62/1

62/1

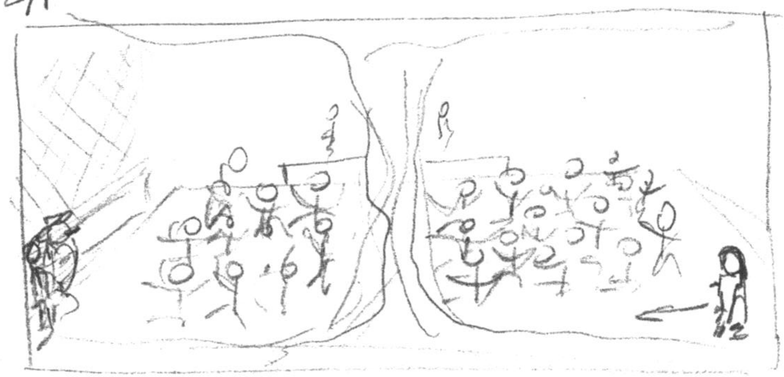

62/2A

62 EXT. NOITE. PRACA PRINCIPAL DE LETICIA

Amparo passa pela praça central de Leticia, carregando as compras e a máquina de costura numa sacola grande de feira.

Na praça, um grupo grande de gente dança regatôn, imitando um adolescente num palquinho. Muitos se vestem com roupas coladas ao corpo, fuorescentes.

Ela ~~passa por uma árvore onde~~ vê Fábio com Coiote ~~que faz negócios aparentemente escusos à sombra da árvore.~~ recebendo dinheiro de um capanga na grade.

Vai até eles.

AMPARO
Tu, que haces aqui?

FABIO
Nada.

Amparo olha desconfiada para Coiote.

AMPARO
Para casa. Agora.

FABIO
No, mamá... un rato e já vou...

AMPARO
Agora.

FABIO
Mas eu já fiz toda a lição de casa.

AMPARO
Sem conversa. Pra casa. Vamos.

Fabio se levanta e se despede dos amigos, obedecendo a mãe, que anda atrás dele.

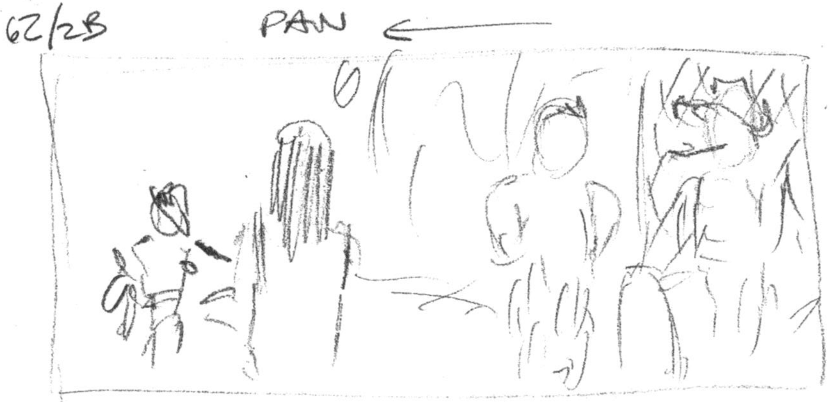

AMPARO

Me ajuda a carregar estas sacolas.

Ele pega algumas sacolas de mantimentos, enquanto Amparo leva a máquina de costura sob os braços.

AMPARO

Não era para estar estudando?

FABIO

Já estudei.

AMPARO

Mas estudar não acaba nunca, sempre tem mais coisa para aprender.

Andam um pouco.

AMPARO

Quanto é 8 vezes 6?

Fábio responde prontamente.

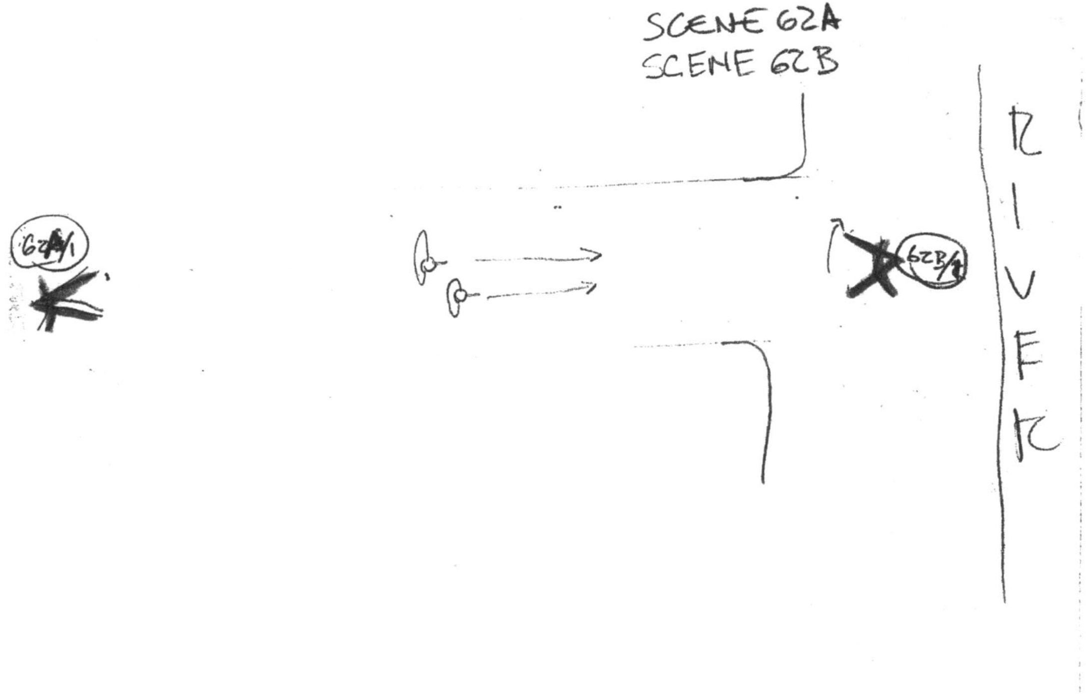
SCENE 62A
SCENE 62B
RIVER

62A - RUA QUE VAI P/O PORTO

FABIO

48.

AMPARO

9 vezes 7?

FABIO

63.

AMPARO

3 vezes 15?

FABIO

45.

Vão se distanciando, enquanto testam as tabuadas.

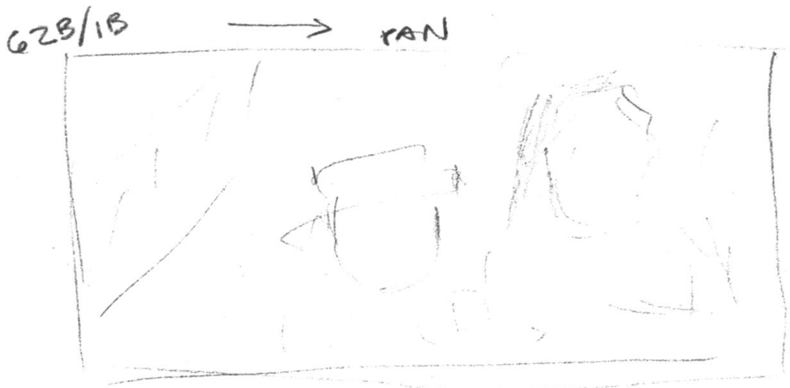

62B EXT. NOITE. PORTO DE LETICIA 62B

AMPARO

Uhm. Imagina o que seu pai vai pensar vendo você dando bobeira por aí?

Fábio dá de ombros, como seu pai.

AMPARO

Que isso?

FABIO

Nada.

AMPARO

Atrevido.

Amparo puxa brincando as orelhas dele, dando uma súbita risada, abraçando-o. Ele reclama, mas ri também.

AMPARO

Não sei quem vc puxou fazendo isso.

Fábio sorri, continuam caminhando. Amparo sorri também.

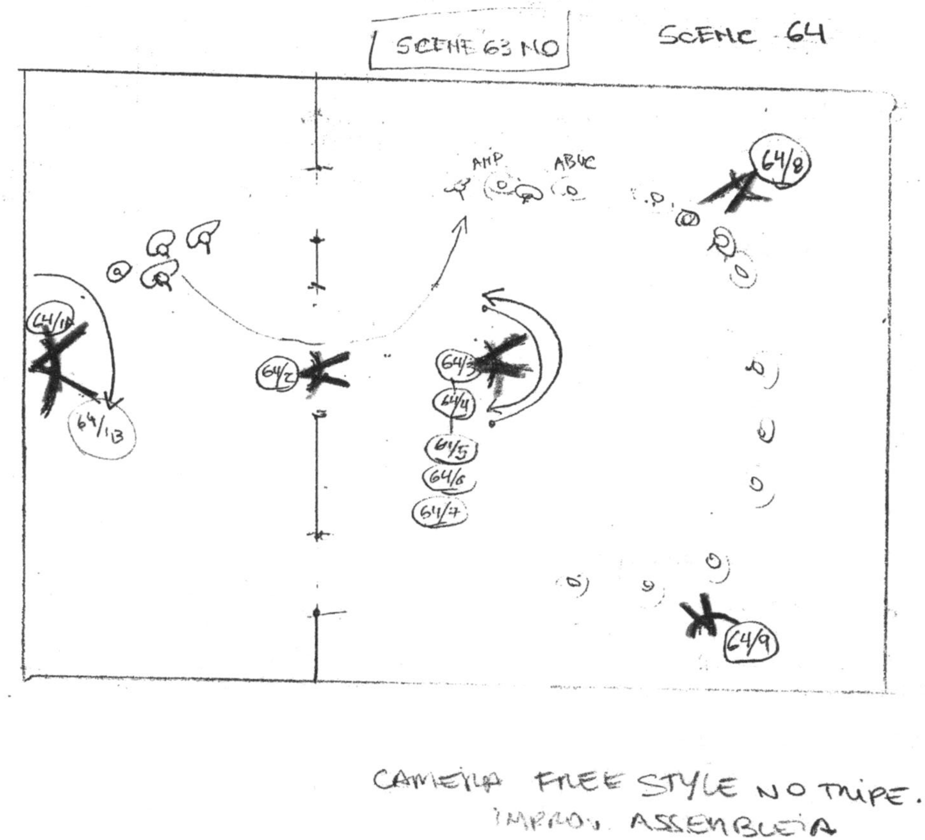
SCENE 63 NO
SCENE 64
AMP
ABVC
64/8
64/11
64/13
64/2
64/3
64/4
64/5
64/6
64/7
64/9
CAMERA FREE STYLE NO TRIPE.
IMPROV. ASSEMBLEIA

63 OMITTED .

64 INT. NOITE. CASA DO PRESIDENTE DA ISLA DE LA FANTASIA

Abuelita, Amparo, Núria e Fábio, de banho tomados, com cabelo lambido, chegam atrasados na Assembléia na casa do sr. Presidente da Isla de la Fantasia. Sr. Sisisi, Exlendy, e outros personagens da ilha também estão ali e ouvem ao senhor Presidente, que fala.

PRESIDENTE DE LA ISLA

Querem transformar esta ilha num enorme spa com cassino. Nem o Brasil, nem a Colombia, nem o Peru nos reconhece como parte de seu território. O que faz esta ilha ser perfeita para lavarem dinheiro. Estão oferecendo 6 milliones de pesos, ou 7 mil reais, por cada casa.

Murmurinho entre as pessoas que o ouvem.

64/2

64/3

64/4

ALGUÉM NA ASSEMBLEIA
é muito pouco! Onde vamos viver com isso? Não dá nem para construir outra casa!

Alguns concordam.

ALGUÉM 5 NA ASSEMBLÉIA
Si, mas ao menos com o cassino vamos ter mais empregos aqui! E não é só um cassino, mas um cassino com Spa e tudo!

Outros concordam.

ALGUÉM 6 NA ASSEMBLÉIA
Que empregos? Vão é só trazer gente que fala inglês... duvido que contratem gente da gente...

Outros concordam.

ALGUÉM 5 NA ASSEMBLÉIA
Contratam sim.... Podemos fazer um acordo....

ALGUÉM NA ASSEMBLEIA
Acordo? Você vai trocar a sua casa por um emprego de merda? O salário nem vai ser suficiente para pagar um aluguel em Leticia!

ALGUÉM 5 NA ASSEMBLÉIA
Emprego de merda pra você que ja está empregado! Tem cada vez menos peixes neste rio, que está a cada ano mais baixo... daqui a pouco seca de vez. Meu filho está desempregado faz mais de ano.... Já não está dando para dar de comer a todos los niños...

ALGUÉM 3 NA ASSEMBLÉIA
Precisamos aproveitar a seca e plantar mais bananas, mandioca...

ALGUÉM 6 NA ASSEMBLÉIA
A gente planta, mas sem chuva também nnao nasce nada.... Ao menos com um salário dá para ir a um supermecado....

ALGUÉM 7 NA ASSEMBLÉIA
Dá para fazer um supermecado mas não dá para pagar um aluguel em Leticia, nem em Tabatinga ou Santa Rosa! Vamos ter que achar outra ilha por aí ou morar embaixo de uma ponte...

64/5

64/6

64/9

Abuelita, a mais velha dali, toma a palavra.

ABUELITA

Senhor presidente, o senhor me desculpe, mas fazem 30 anos que vivo aqui. Desde que esta ilha surgiu no meio do nada, entre o Peru, a Colombia e o Brasil. Vocês todos me conhecem. Eu nasci numa aldeia indigena, no lado brasileiro. Nos expulsaram de lá. Depois fui pro lado Peruano. Nos expulsaram também. E vivem nos expulsando de toda parte. Eu, daqui, só saio morta.

Muitos concordam.

ABUELITA

(2 lentes) Quando o prefeito de Letícia veio aqui, dizendo que ia ter que nos tirar, eu disse para ele "senhor prefeito, nós somos seres humanos. Não podem nos jogar de um lado para o outro como se fossemos vasura. Eu, daqui, só saio morta."

Todos concordam.

PRESIDENTE DE LA ISLA

Então o que respondemos para eles?

ABUELITA

Que la Isla de La Fantasia não está a venda.

Apladem, concordando.

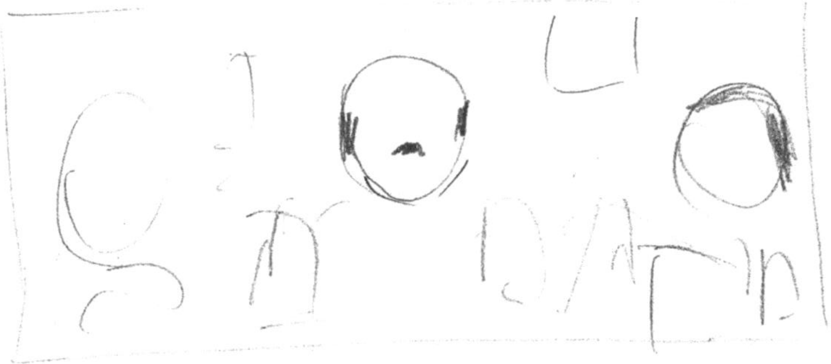

ALGUÉM 3 NA ASSEMBLÉIA

E se vêem com o exercito ou os
paramilitares nos tirar daqui,
como fazemos? Vamos ter que nos organizar...

Amparo olha para Fabio e Nuria, que, como outras crianças ali, prestam atenção na conversa.

PRESIDENTE DE LA ISLA

Pero, cautela, senhores. Faz quase uma década
que não temos nenhum massacre por aqui.
Não queremos a volta da violência.

ALGUÉM 4 NA ASSEMBLÉIA

Ninguém quer violência. Mas que
nos deixem em paz!

A assembleia concorda.

PRESIDENTE DE LA ISLA

Bom, todos concordam?

A maioria da Assembleia faz que sim.

PRESIDENTE DE LA ISLA

Vou passar então ao prefeito nossa decisão.
E isso nos leva ao segundo ponto previsto
para a Assembléia de hoje, que é o
tratado de paz. Vocês sabem que
domingo vai ter o plebicito, e
gostaria de discutir com vocês
alguns pontos... todos conseguiram
ler o documento?

Alguns fazem que sim, outros que não.

ALGUÉM 5 NA ASSEMBLÉIA

Ih, isso daí não vai dar em nada...

PRESIDENTE DE LA ISLA

Bom...

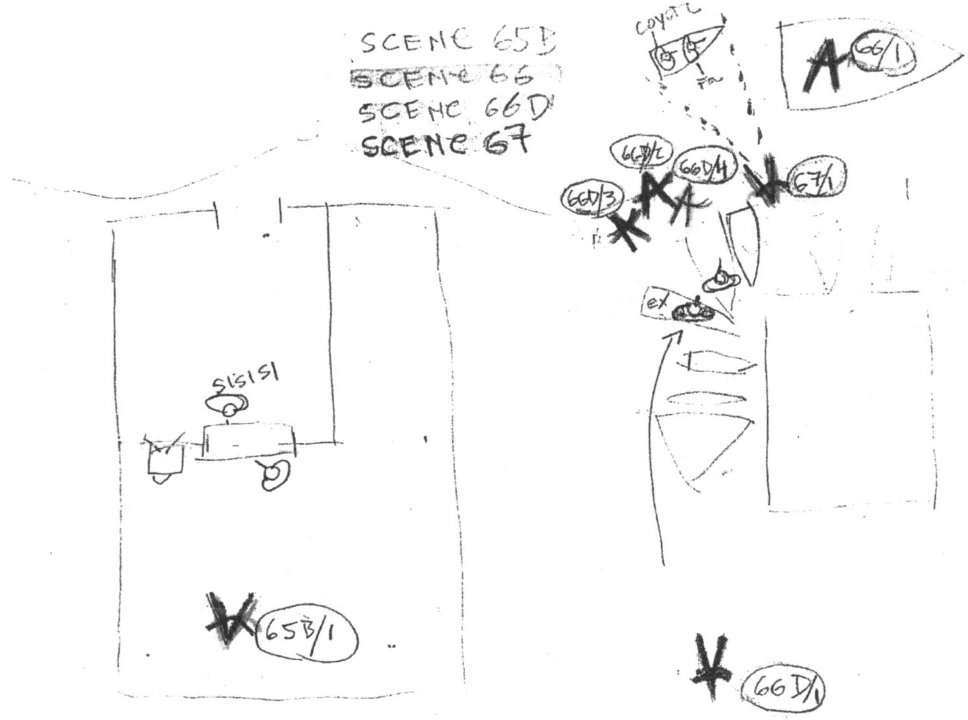
SCENE 65D
SCENE 66
SCENE 66D
SCENE 67
coyote
66/1
67/1
66D/4
66D/2
66D/3
ex
65B/1
66D/1

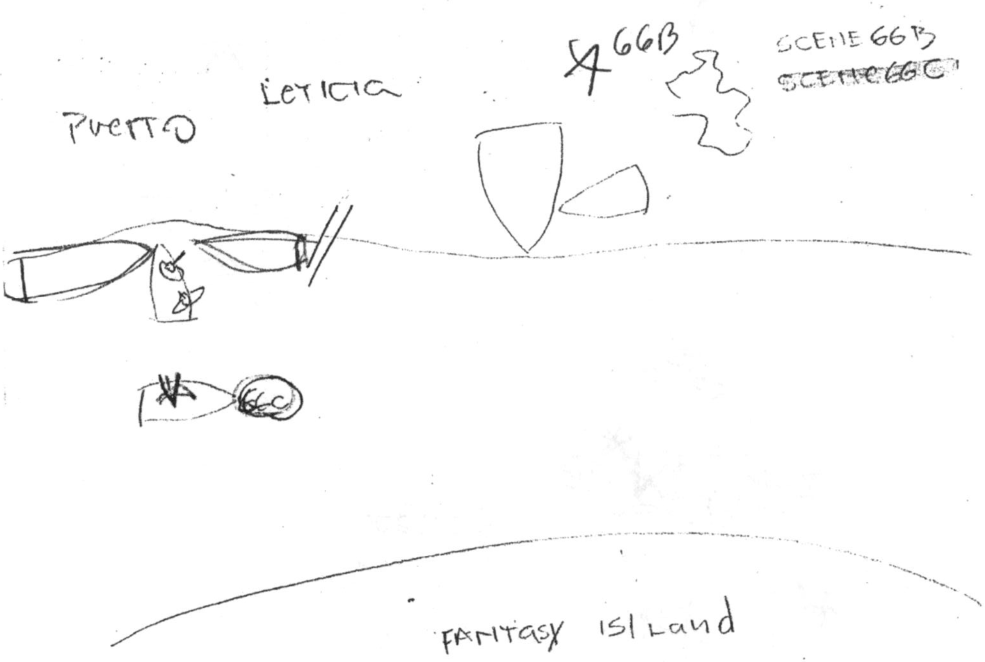

PUERTO LETICIA
A 66B
SCENE 66B
~~SCENE 66C~~
66C
FANTASY ISLAND

65

EXT. DIA. CASAS DA ISLA DE LA FANTASIA 65

A agua do rio está nos pés das palafitas das casas. As pessoas se movem em canoas entre elas.

65B

EXT. DIA. VENDA DO SR SISIS NA ISLA DE LA FANTASIA 65B

Na televisão da venda passa uma reportagem sobre o processo de paz na Colombia onde a reporter enfatiza o valor da democracia, e pessoas discutem o ponto polêmico do tratado de paz, no qual as Farc-EP terão dois mandatos com participação no congresso e poderão formar um partido político para participarem das eleições.

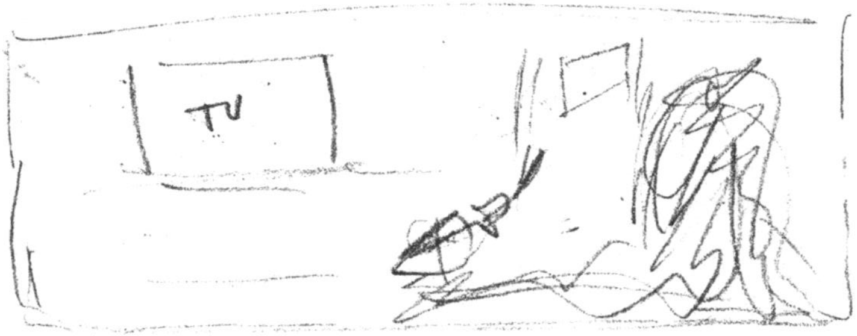

Um HOMEM bebe cerveja enquanto vê, descrente, a televisão.

Muda a reportagem e segue para processo de impeachmenat da presidenta do Brasil Dilma Rousseff. A reporter deixa claro que o Ministério Publico não encontrou nenhuma prova de crime contra a presidenta que está sendo deposta.

Exlendy Atravessa a ponte

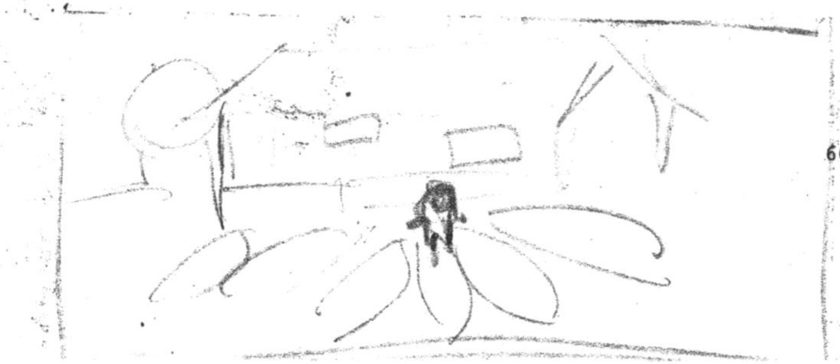

66 EXT/INT. DIA. BEIRA DO RIO NA FRENTE DA VENDA DO SR SISISI

Nuria está sentada numa canoa, sozinha, proximo à venda, cuja água está nos pés da palafitas.

66B EXT. DIA. BARCOS ABANDONADOS

Do outro lado do rio vê os barcos abandonados, cheios de água.

66C EXT. DIA. RIO/PORTO DE LETICIA

Em outro ponto, Fábio e Coiote carregam uma canoa com caixas de produtos falsificados no porto de Letícia.

66D EXT/INT. DIA. BEIRA DO RIO NA FRENTE DA VENDA DO SR SISISI

Exlendy se aproxima com um chupe chupe (suco congelado num saquinho) e senta-se ao lado dela.

EXLENDY

Quer?

Núria faz que não. Exlendy bebe, enquanto observa o que a amiga vê ao longe, no rio. Silencio.

EXLENDY

Hoje a noite, vai ter uma assembléia dé fantasmas aqui na ilha. Você que ir?

Nuria olha para a amiga, estranhando.

EXLENDY

Vão ler o tratado de paz, e ver o que os mortos pensam - se nos aconselham a votar sim ou não no plebicito de domingo.

Nuria continua olhando para a amiga, escutando sua conversa louca.

EXLENDY

Hai que honrar a los muertos, no?

Exlendy oferece novamente chupe-cupe para Nuria, que refuta novamente, voltando a contemplar o rio.

EXLENDY

Que bom que seu irmão já arrumou um emprego, heim?

Exlendy observa a canoa com Fabio e Coiote se afastando na água.

67 EXT. DIA. RIO EM FRENTE AO PORTO DE LETICIA

Fabio e Coiote deslizam pelo rio em uma canoa onde encontram-se várias caixas de tênis fuorescentees, com leds, DVDs piratas, equipamentos eletrônicos, e outro produtos falsificados, reluzentes.

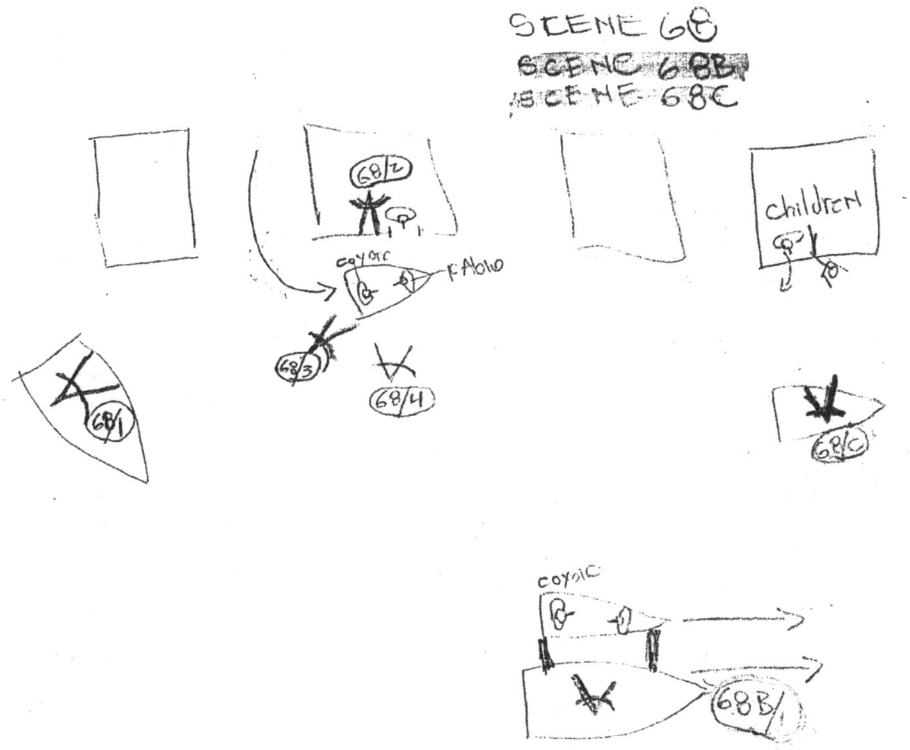
SCENE 68
SCENE 68B
SCENE 68C
68/1
68/2
coyote
Apollo
68/3
68/4
children
68/C
coyote
68B/1

68 EXT. DIA. CASA NO RIO DO CLIENTE DE COYOTE

Coiote, sem sair do barco, mostra algumas variedades de tênis novos para Jorge, (60), semi nu, na janela de uma casa, na beira do rio. Crianças pulam dos telhados das casas para a água, brincando. Fábio tenta ajudar Coiote na venda.

COIOTE

Mira senhor Jorge, llegaran nuevitos, te puedo hacer cada uno por 90 mil pesos!

JORGE, CLIENTE DE COYOTE

Que marcas tienes?

COIOTE

Todas las marcas!

~~Coiote~~ Fábio mostra uma caixinha onde se encontram diversas marcas para colar nos tênis.

Ele faz um sinal para Fábio.

FABIO

Se comprares dois te podemos hacer un desconto.

JORGE, CLIENTE DE COYOTE

No, no puedo. Está muy caro!

COIOTE

Como caro, señor Jorge, que su hermana puede vender por 200 mil pesos en Bogotá.

JORGE, CLIENTE DE COYOTE

Si, pero no sé quando mi hermana vá para alla....

68/2

COIOTE

Más és mejor se assegurar, y ya guardar o produto, no? No se sabe quando vamos a tener otros así, tan benos...

Jorge analisa os tênis. Alguns, de criança piscam com luzinhas. Fabio sorri, ao vê-las.

FABIO

Mira que temos camisetas que van muy bien con estes!

JORGE, CLIENTE DE COYOTE

No, gracias. Ahora no puedo. También estoy esperando receber de otra entrega... Passa manãna que quiça ya lo tengo tudo arreglado...

COIOTE

Pero mañana ya lo teremos vendido todo en Tabatinga.

JORGE, CLIENTE DE COYOTE

Paciencia...

Jorge devolve os sapatos.

FABIO

Y um Bilhete de loteria? todos necessitamos de un poco de suerte en la vida, no?.

Jorge sorri.

JORGE, CLIENTE DE COYOTE

No, no tengo plata.

COIOTE

Pero tenemos crédito!

O senhor pensa um pouco, e resolve comprar.

JORGE, CLIENTE DE COYOTE

Bem, me veja 3. Para vocês não dizerem por aí que sou mal educado.

Coyote sorri e passa os bilhetes para ele.

COIOTE

Y nada de Tenis hoy?

Jorge faz que não com a cabeça.

FABIO

Y una pelicula para acomapañar?

Jorge vê os títulos que tem, e fica com dois DVDs.

68B EXT. DIA. CASAS ALTAS DE PALAFITAS

Coiote e Fábio passam de canoa por mais casas, com água nos pés das palafitas.

Coiote ensina para Fábio sua arte de vendedor.

COIOTE

Hai que aprender a leer los ojos. Cuando se cruzan para fuera o para ariba no hai negocio; pero si se entran para adentro, para donde se lleva los produtos y se quedan como pensando, hay compra. No falla. Es la primera clave.

La segunda llega cuando dicen no, no hay con qué. Todo mundo decimos así para bajar bandera. Es como una manera de se decir sí, sin que se note la gana. Por ahí la puerta se abre y, a veces, bien aberta.

Seguem ~~remando~~ pelo rio.

COIOTE

Yo he vendido miles de cosas solo con "no hay plata". Porque le decimos "pero hay credito!". Não falha nunca.

no pekepeke num rio com

Se distanciam ~~na canoa. Outras pessoas mais para frente acenam para que eles se aproximem.~~

pontos de eletricidade.

68 - OMITTED

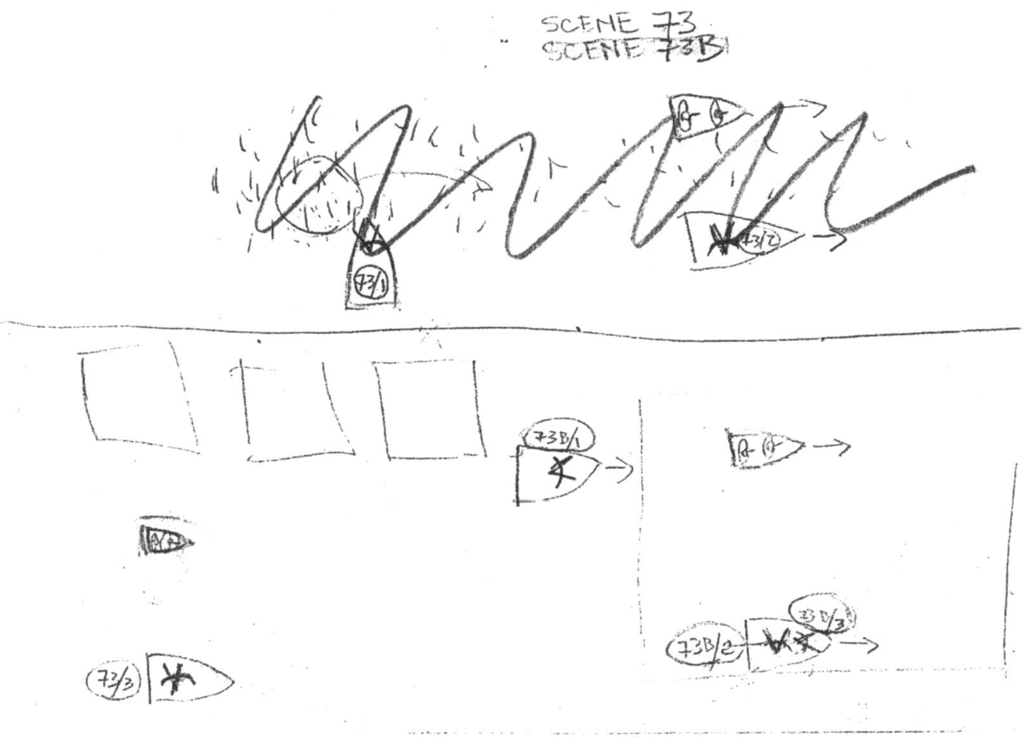
SCENE 73
SCENE 73B
73/1
73/2
73B/1
73B/2
73B/3
73/3

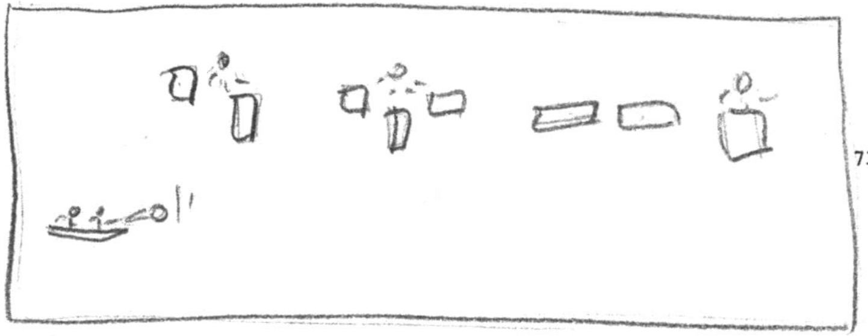

73 EXT. NOITE. CASA DE PALAFITAS/ CANOA NA ISLA DE LA FANTASIA 73

Na calada da noite, Exlendy e Núria ~~atravessam uma grama alta flutuante~~, numa canoa, ~~à~~ noite. Os acessorios e vestido fuorescente de Núria brilham, no escuro.

Passam por algumas poucas casas com energia eletrica, onde vêem televisão.

73B EXT. NOITE. CASAS DE PALAFITAS ALTAS 73B

Elas por baixo de casas de palafitas, cujos postes iluminam com a luz de suas lanternas, em silencio. Desligam suas lanternas e seguram o riso enquanto olham para cima e vêem o que as pessoas fazem, ~~sem~~ notá-las ali em baixo, prosseguindo vagarosamente.

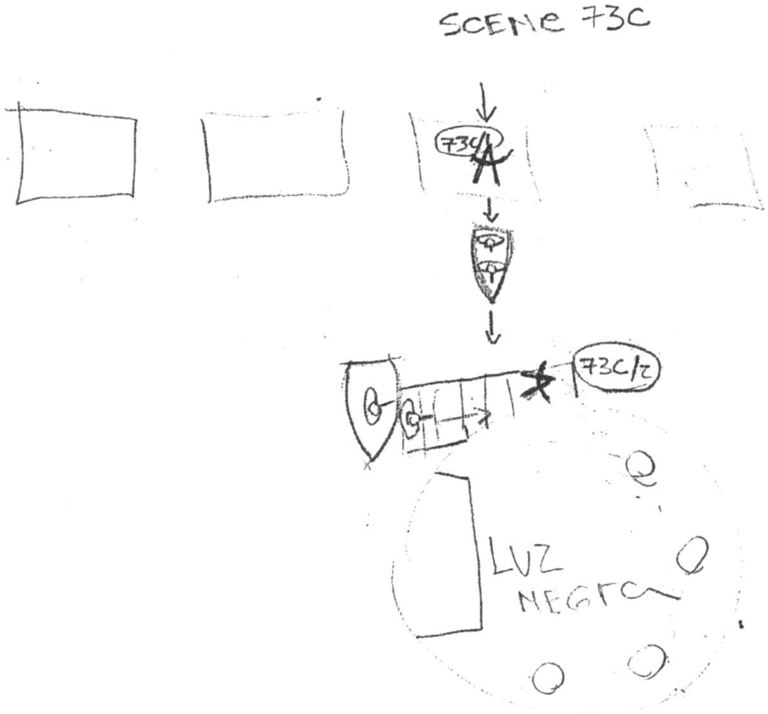
SCENE 73C
73C/1
73C/2
LUZ
NEGRA

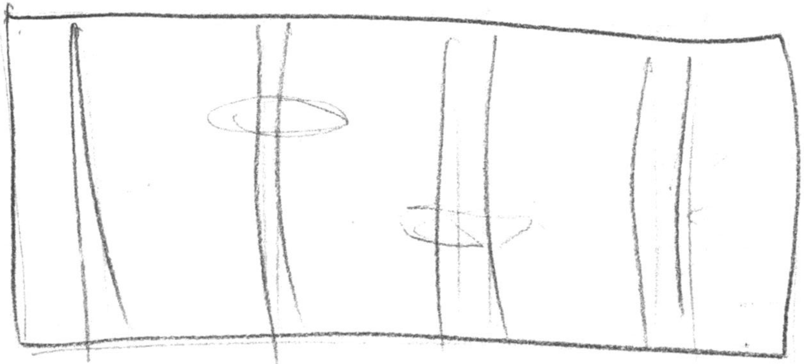

TILT UP ↓

Saem do outro lado das casas, no rio enorme.

73C INT/EXT. NOITE. CANOA NA ILHA DA FANTASIA/AOS MORTOS

Exlendy e Nuria se aproximam de uma casa redonda indigena de palafitas, onde está tendo uma assembléia. Luz azul neon sai de lá e reflete nas águas do lugar.

Exlendy e Nuria sobem as escadas da casa redonda de palafitas escondidas, de fininho, e observam, sentando-se num canto ao final da escada, quase escondidas.

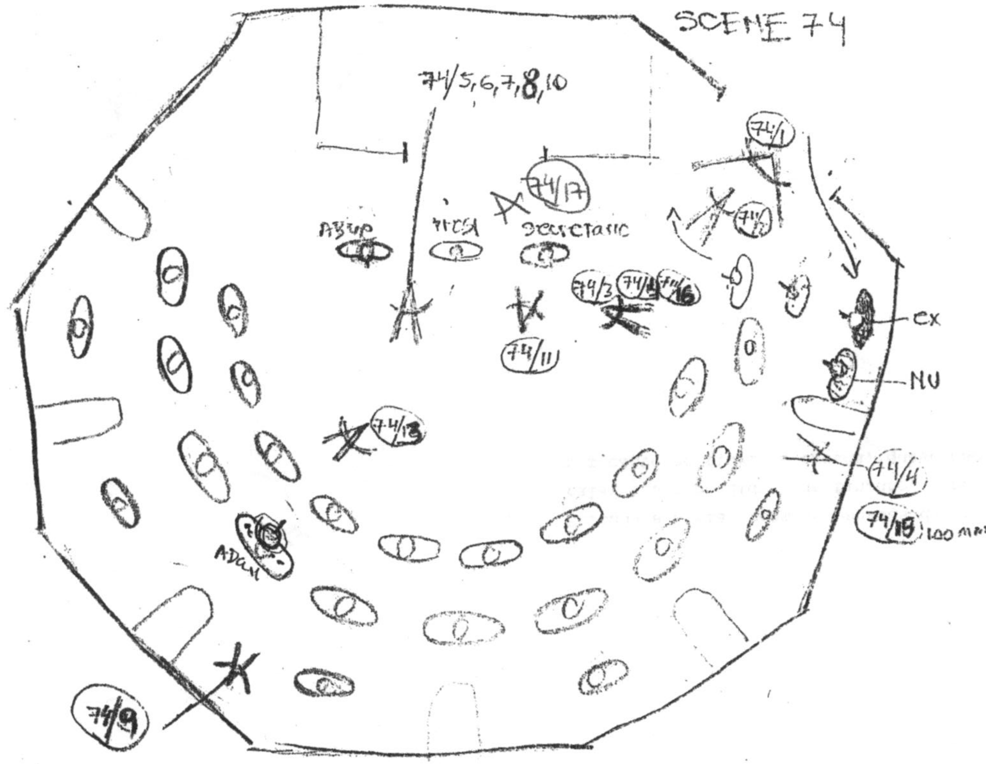
SCENE 74
74/5,6,7,8,10
74/17
74/1
74/11
74/13
74/4
74/19
100 MM
74/9
EX
NU
ADAM

74/1

74/2

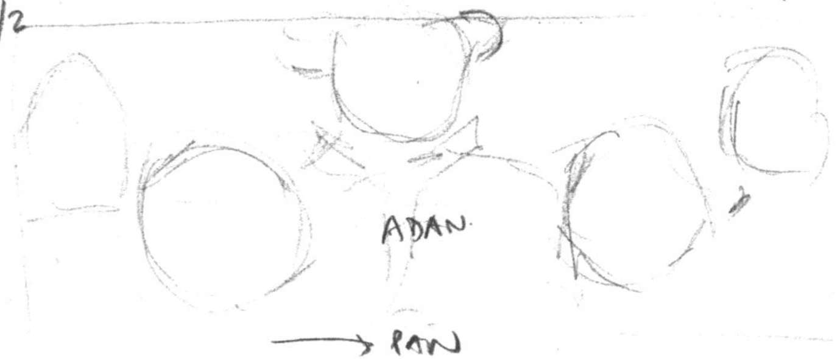

74/3

74 EXT/INT. NOITE. CASA DA ASSEMBLEIA DOS MORTOS

As roupas das pessoas ali presentes também são fuorescentes e brilham com a luz neon do lugar.

O Lugar parece uma discoteca abandonada, com um globo de brilhantes, music box e tudo o mais.

Nuria observa todos os presentes até que vê, sentado em uma das fileiras --

SEU PAI, ADÃO.

[illegible] puxa Nuria

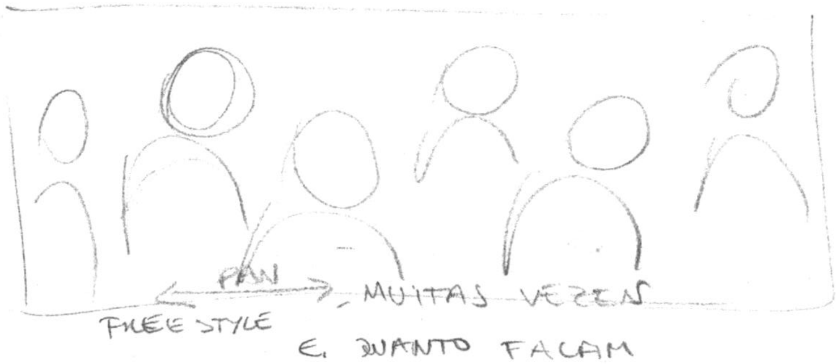

Abuelita e o Presidente de la Isla, que segura as 300 páginas do tratado de paz em suas mãos, também estão presentes.

PRESIDENTE DE LA ISLA

Todos tiveram tempo de ler o tratado, Si?

Os presentes concordam.

PRESIDENTE DE LA ISLA

Gostaríamos de saber a opinião dos senhores.

FANTASMA 03 SERGIO

Eu não concordo que não sejam presos.

PRESIDENTE DE LA ISLA

Quem? Os paramilitares ou os guerrilheiros?

~~FANTASMA~~ 03 SERGIO

Todos eles! Eu não tinha nada que ver com isso, pagava minha vacuna direitinho, nunca me envolvi com política nenhuma, e mataram minha filha! Eles vão ficar soltos? Fazendo trabalho voluntário? Como vai ser para minha irmã conviver com eles na rua?

~~FANTASMA 02~~ MARTA

Mas podem mandar para outra cidade.

~~FANTASMA 03~~ SERGIO

E qual o recado para as proximas gerações? Que pode matar todo mundo, cortar a cabeça, destroçar os membros, na frente do pai, da mãe, dos filhos, que tudo bem? Se perdoa?

~~FANTASMA 05~~ YENNI

E se prender, isso vai trazer de volta nossas famílias?

~~FANTASMA 03~~ SERGIO

Não, mas pelo menos fica claro os limites. Que não se pode fazer o que quiser com a vida dos outros, e seguir impunemente.

MARTA ~~FANTASMA 02~~

Não existe justiça perfeita que vai nos levar à paz...

HECTOR ~~FANTASMA 04~~

E vão prender a cidade toda? Todas as famílias
vão ter pelo menos dois ou três membros presos?
Você conhece alguém que não tenha pelo menos um
primo envolvido com os paracos ou a guerrilha?

Fantasma 03 faz que não.

MARTA ~~FANTASMA~~ 04

Então? Não temos nem tanto carcer assim.

HECTOR ~~FANTASMA 05~~

Isso não vai adiantar de nada... é só uma farsa...
tem muita gente ganhando dinheiro com a guerra.
Quem é que quer acabar com isso?
Vão legalizar o cultivo e processamento da coca?
Cobrar impostos, que podem ser investidos
em miles de cosas, ou vão continuar usando
isso de desculpas para fomentar a guerra e terem
bases militares em nosso país?

YENI ~~FANTASMA 06~~

Olha, eu também era contra o perdão, o processo de
reinserção na sociedade dos guerrilheiros e
paramilitares, pois mataram me pai,
nos expulsaram de nossa casa,
tivemos que deixar toda uma vida para trás.

la guerra.

FANTASMA 01

Mas não vamos depor armas.

~~FANTASMA~~ 03 MARTA

Não todas. Algumas.

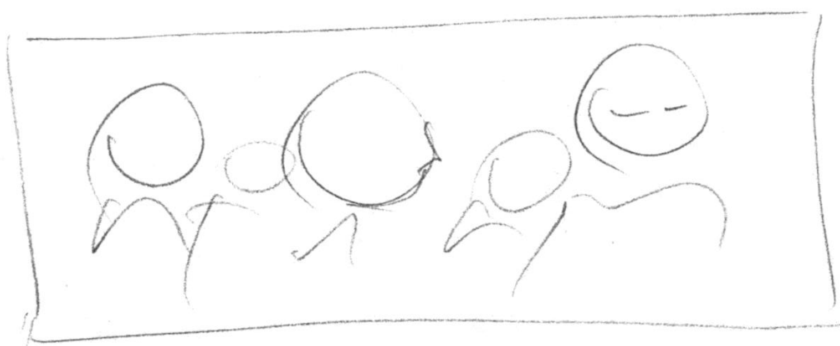

ABUELITA

Por parte de los vivos en esta isla, precisamos saber que mais necessitan para que sigamos em paz.

Silencio. Os rostos apreensivos de dor dos fantasmas presentes.

~~FANTASMA 01~~ HECTOR

Que avisem minha irmã que o filho está vivo, nos montes. Fui eu que o convenci a vir con nosotros. Vai voltar para ela, quando deporem as armas.

A SECRETARIA da assembléia anota o pedido.

~~FANTASMA~~ 05 YENI

Que enterrem meu corpo no Madalena. E devolvam nossa terra. Meu marido vive com meus filhos num barraco em Bogotá. Sem nossa casa, não vai ter paz.

~~FANTASMA~~ 06 MANTA

Que deixem que reconstruam a escola dos nossos filhos, nossas casas, o cemitério de San Vicenzo.

A secretária anota. Olham para Adão.

ADÃO

Eu preciso ter certeza que minha família recebeu a indenização e que vai conseguir sobreviver sem mim...

Nuria chora, num subto acesso de choro, contida. Exlendy a abraça.

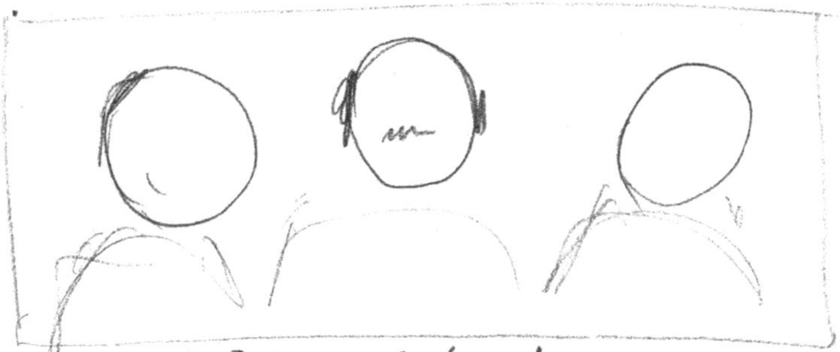

O Presidente da Isla vira-se para Núria e pergunta.

PRESIDENTE DE LA ISLA

E você? Precisa de alguma coisa dos vivos?

Nuria parece chocada. Respira com dificuldade. Se dá conta que também está morta. Fala baixinho.

NURIA

Avisar a minha mãe que estamos bem. E que ela não tem culpa de nada. Que tudo bem ela ter ido embora de Orinoco.

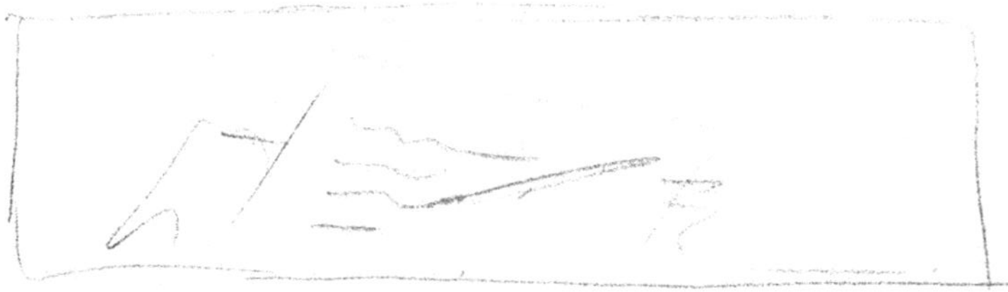

A secretária anota o pedido.

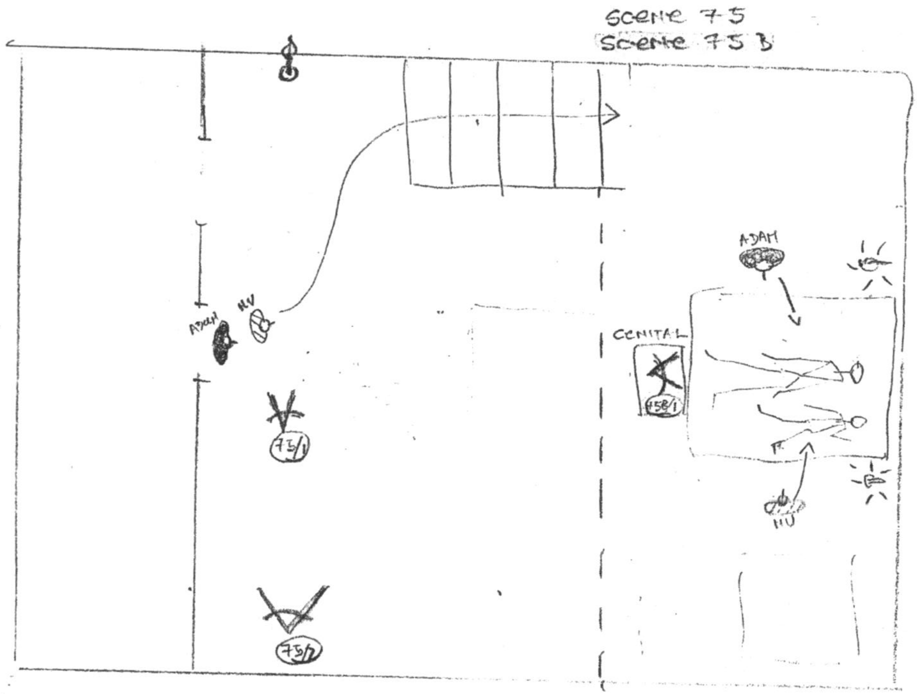

Scene 75
Scene 75 B
ADAM
NU
CENITAL
75B/1
75/1
75/2

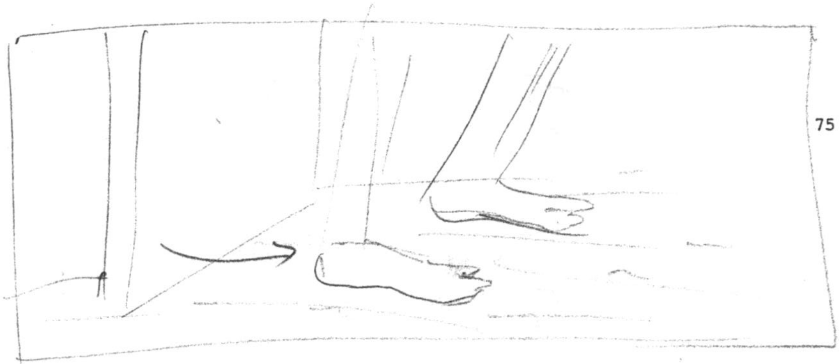

75 INT. NOITE. CASA DE PALAFITAS

Nuria entra em casa, de noite. A cada passo seu, entra água pelas frestras das tábuas do chão da casa.

Pouco tempo depois, ADÃO entra e fecha a porta da casa. Ambos estão com roupas fosforescentes.

75B INT. NOITE. CASA DE PALAFITAS - QUARTO DE CIMA

Nuria sobe no quarto dos pais. Vê sua mãe e Fábio dormindo na cama de casal. Deita-se ao lado do irmão, abraçada nele. O Pai chega em seguida e deita-se ao lado da mãe, de barriga para cima, pesativo.

FADE TO BLACK.

76 EXT. DIA. VARIAS ESCOLAS DE LETICIA (URNAS/PLEBICITO)

Imagens da TV anunciando o dia do plebicito do acordo de paz. (material de arquivo)

Pessoas fazem filas e votam nas escolas em Leticia.

Imagens na TV dos resultados. o Não vence. Pessoas tristes, céticas, discutem o acordo. A/as FARC anunciam pelo twitter que o importante é que o processo de paz começou e que eles irão continuar desmobilizados, até chegarem a um novo acordo. (material de arquivo)

Protestos por toda Colombia pela paz, com velas, de noite. (material de arquivo).

FADE TO BLACK

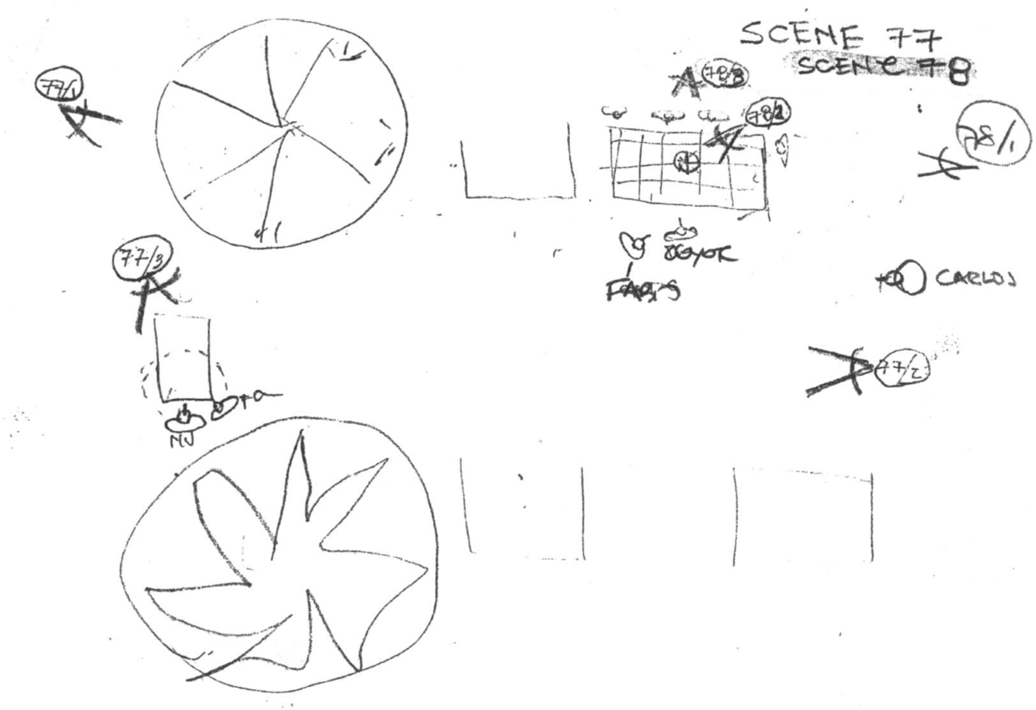

SCENE 77
SCENE 78
77/1
77/3
78/3
78/2
78/1
CARLOS
77/2
NU

77/1

DOC (VÁRIOS TAKES)

6 EXT. NOITE. FESTA NA PRAÇA ANACONDA/BARRACA DE AREPAS

Amparo, com cabelo bem mais cumprido, vende arepas na festa de confraternização das fronteiras. Muitas pessoas compram dela. Fabio a ajuda. Está vestindo o chapéu de cowboy do pai.

77/2

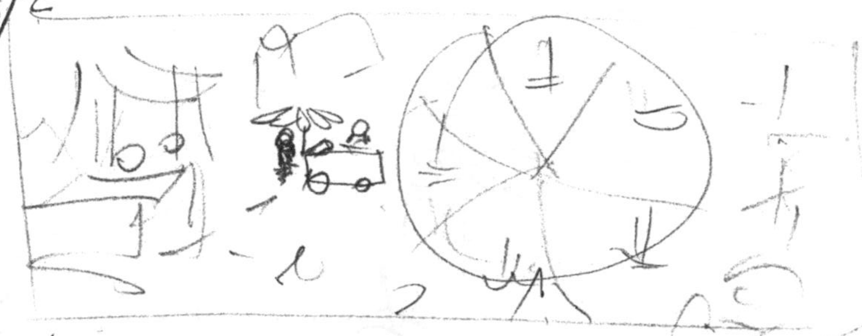

77/3

AMPARO

Fábio, por favor, vai buscar mais refrigerante que está acabando.

Fábio sai da banca deles e anda pela festa.

78/1

77/2

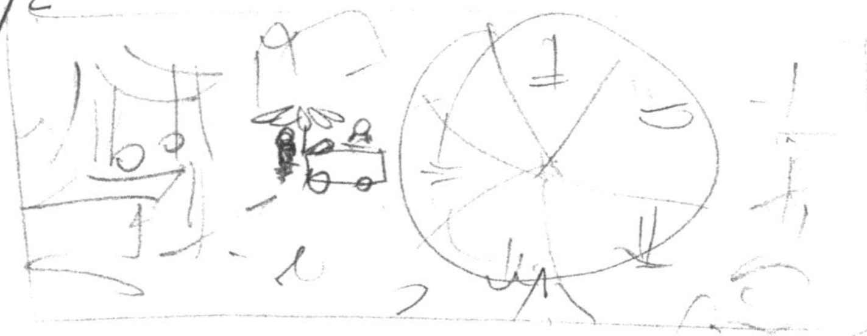

78/3

EXT. NOITE. FESTA NA PRAÇA ANACONDA/ROLETA DA SORTE

Fábio encontra Coiote apostando num jogo de roleta, no chão. Ele ganha uma partida. Comemoram.

COIOTE

Vem! Quanto você está ganhando com a sua mãe? Aposta aqui que você vai dobrar o que ganhou...

Fábio coloca a mão no bolso, olha para a direção em que sua mãe está.

FABIO

Hoy no puedo, mi mamá me espera.

COIOTE

Un rato y nada más.

Coiote assovia para o moderador do jogo. Exibindo uma nota alta de dinheiro.

COIOTE

Este és para mi amigo!

Aposta num número. Ganham. Comemoram.
Fábio vê Carlitos passando entre as pessoas ali.

FABIO

Tengo que ir!

COIOTE

Toma - sua parte!

Coiote dá uma parte do dinheiro que ganhou para o amigo, qua guarda, hesitante o dinheiro no bolso, e em seguida corre atrás de Carlitos.

FABIO

Gracias!

78B OMITTED

SCENE 79
79/1
79/2
79/3
Manager
FG
FG

79/1

79/2

58/1

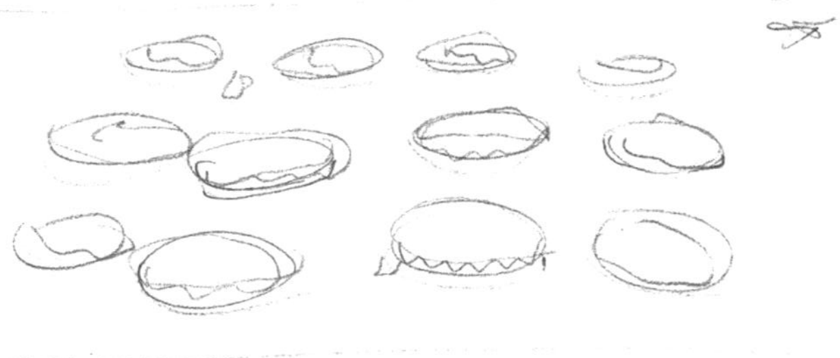

79

EXT. NOITE. FESTA NA PRAÇA ANACONDA/BARRACA DE AREPAS

Carlitos se aproxima da Barraca de Arepas, com Fábio, carregando, cada um, uma caixa de refrigerantes na mão.

GERENTE

Se o patrão me pega abrindo o mercado de noite, estou frito.

Amparo sorri ao vê-lo.

AMPARO

Tranquilo que ninguém aqui é de contar segredos.

Eles depositam as caixas no chão. Fábio começa a guardar os refrigerantes num isopor cheio de gelo, enquanto Amparo entrega uma arepa quentinha Carlitos, que a aprecia.

GERENTE

Estan deliciosas.

Amparo sorri.

AMPARO

Perdeste la oportunidad de ganhar mucha platita.

O gerente sorri.
Fábio olha desconfiado pro gerente.

FABIO

E quando a gente vai pro Brasil, mamá?

AMPARO

Não sei. Vem, me ajuda aqui.

Ela passa uma espátula para Fábio, que vira umas arepas na chapa do forno quente, com agilidade.

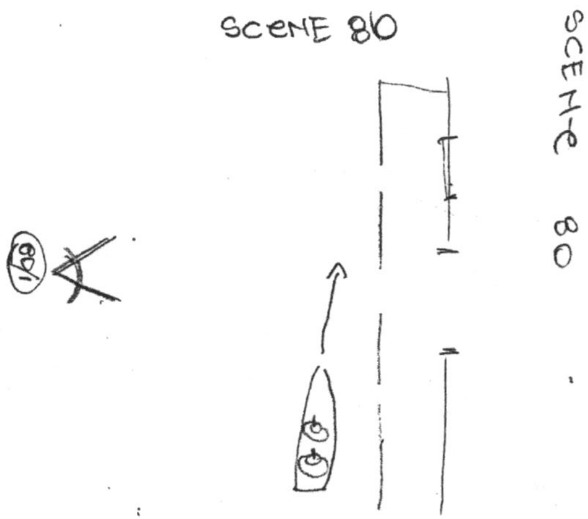
SCENE 80
SCENE 80
80/1

SCENE 80B
80B/2
80B/3
80B/1
NU

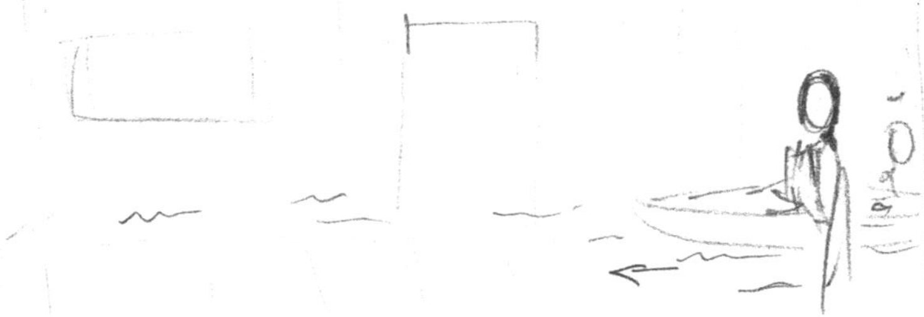

80 EXT. NOITE. CASA DE PALAFITAS

Amparo e Fábio chegam de canoa até a sua casa, de noite, passando pela varanda, inundada pelo rio.

80B INT. NOITE. CASA DE PALAFITAS

Abrem a porta de casa, que está toda inundada, com os poucos móveis suspensos sobre tábuas de madeira. Caminham pelas tábuas como pinguelas.

Encontream Abuelita dormindo na rede, suspensa. Levam um susto.

AMPARO

Abuelita?

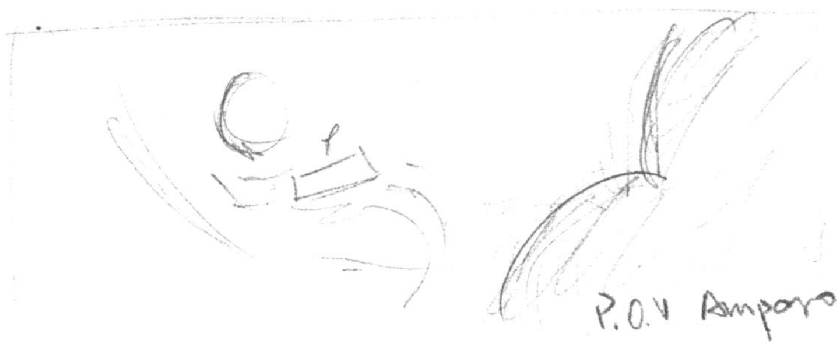

Ela acorda. Está abraçada com uma carta.

ABUELITA

Mira, ~~llegó para usted esta tarde~~. el advogado esteve aqui. deixou esta carta. Yo no quería esperar hasta mañana pr entregar-la

Amparo abre a carta. Fica surpresa em silencio.

FABIO

Que foi?

Ela se emociona.

AMPARO

Encontraram o corpo de Adão e Nuria! Vão mandar para cá.

Fábio abraça a cintura da mãe.

SCENE 81
TILT UP
81/1
81/2
Lassiter
AMD
FAD

INT. DIA. ESCRITORIO DO ADVOGADO

O Advogado entrega uma caixa de papelão relativamente pequena para Amparo.

ADVOGADO

Isto foi o que sobrou. Disseram que estavam abraçados. Que traga paz para a sua família.

Amparo recebe a caixa, ao lado de Fábio.

~~ADVOGADO~~

~~E o visto de vocês. Foi aprovado.~~

82 INT. NOITE. CASA DE PALAFITAS

No andar de cima da casa, AMPARO e Fábio separam as roupas de Adão e Nuria, tirando-as do armário e jogando-as sobre a cama. Algumas peças são fuorescentes.

Abuelita está com eles. Amparo entrega a metralhadora para ela.

AMPARO

Creo que não vamos mais precisar disso.

Abuelita pedura a metralhadora no ombro com naturalidade, e continua ajudando-os a separar as roupas.

ABUELITA

Ojalá.

SCENE 83

SCENE 83B

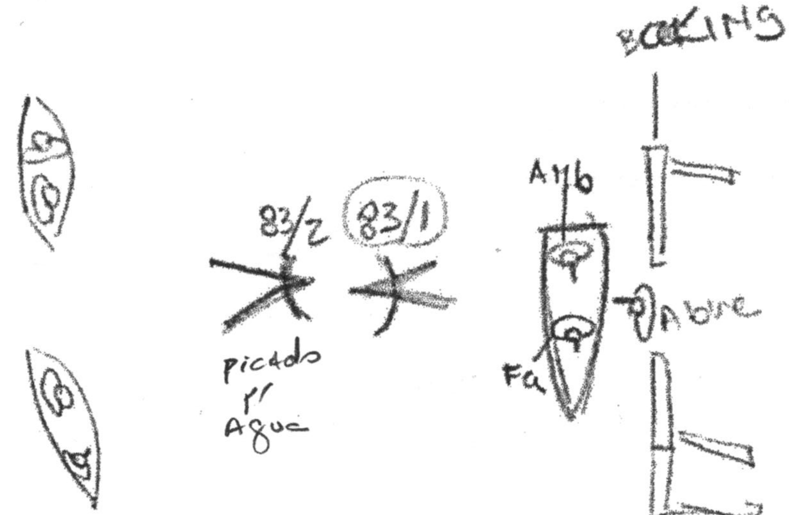

83/1

EXT. NOITE. CASA DE PALAFITAS /CANOA

Amparo, Fábio e Abuelita saem da casa e entram na canoa na varanda, carregando numa mala os pertences da filha e do marido, assim como a caixa com seus ossos, enfeitada com um tecido bordado e flores de plástico.

83/2

Várias pessoas da Ilha esperam do lado de fora, entre eles o Presidente da Isla, Exlendy e Maria, com as crianças.

83B/1
presidente
Maria
83B/2

83B/1

83B EXT. NOITE. RIO ENTRE AS CASAS DE PALAFITAS ALAGADAS

Amparo, Fábio e Abuelita flutuam numa canoa, entre as casas de palafitas. Maria e as crianças em outra. O Presidente da Isla e Exlendy vão em outra, entre outras canoas fazem uma procissão de barcos que se distanciam entre as casas, com suas lanternas e lamparinas.

83B/2

Alguns levam malas, retratos e pertences de outras pessoas nas canoas.

River
SCENE 84
MAGIC HOUR
84/3
84/1
84/2
84/15
84/4
84/4,5,6,7,8,9,10,11,12,13,14

84 EXT. NOITE. CANOAS NO FINAL DO RIO

Amparo e Fábio depositam num pedaço de chão de madeira flutante as roupas de ADÃO e de Nuria, a caixa com seus ossos. Algumas outras pessoas fazem o mesmo, com outras roupas, e objetos.

As canoas estão em círculo em volta do chão flutuante com a fogueira no meio.

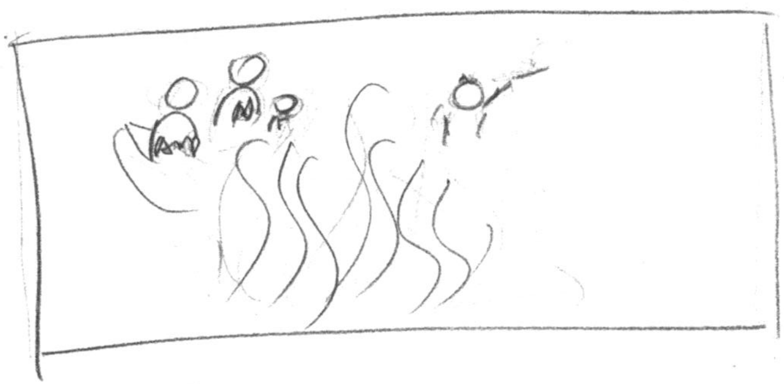

Atam fogo.

Abuelita começa a puxar uma música xamânica.

Amparo e Fábio observam o fogo.

As demais pessoas da comunidade se unem a seu canto.

Índios com pinturas, colares e cocares em neon aparecem entre a comunidade que canta.

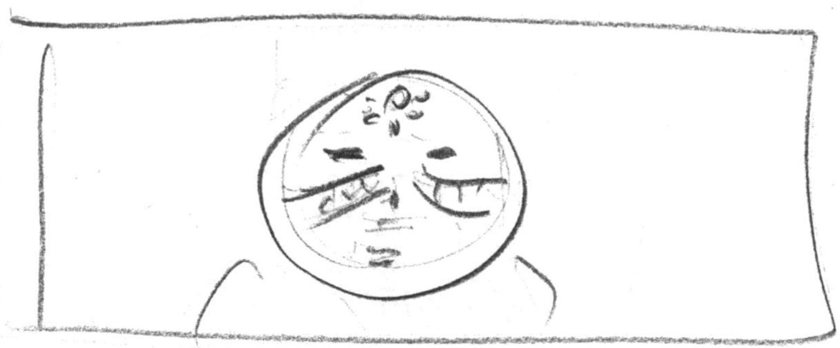

Em seguida, aparece também, entre as pessoas que cantam nas canoas, os fantasmas da assembléia com pinturas indigenas fuorescentes nos rostos.

No barco de Amparo, fábio e Avuelita, aparecem Adão e Núria.

Fecham os olhos, e suas palpebras reluzem fosforescentes."

BLACK.

Dedicado à todos aqueles que vieram antes de nós, e os que virão depois de nós.

CREDITOS FINAIS.

MAKING OF

O CINEMA QUE TRANSBORDA EM LOS SILENCIOS

por João Carlos Villela

Esta exposição é um convite ao mergulho no universo do filme *Los Silencios* de Beatriz Seigner através do olhar da fotógrafa Juliana Vasconcelos, que documentou em 2017 as filmagens da história de Amparo, Adão, Nuria e Fabio, na Isla de la Fantasía, localizada na tríplice fronteira entre Brasil, Colômbia e Peru.

Aqui, o filme expandido ultrapassa a tela e a sala de projeção para revelar o interior do processo criativo, através de figurinos, imagens de making of e trechos do roteiro e storyboard. Foram necessários dez anos de intenso processo criativo para que esta história encontrasse suas formas textuais, cênicas, plásticas, sonoras e imagéticas.

É instigante observar certas fotos, como a do barco que passa ao lado de um poste elétrico fincado no fundo do rio amazonas contrastando a exuberância da floresta ao diminuto tamanho humano, a da equipe de filmagem se equilibrando sobre palafitas, ou a de Beatriz Seigner dirigindo uma cena a partir de uma balsa, e notar o quanto essas imagens espelham metaforicamente a situação insólita da filmagem deste longa.

A exposição propõe um lugar para reflexões acerca da elaboração artística cinematográfica; do coletivo processo criativo de uma equipe composta por membros de diversos países - Brasil, Colômbia, França, Peru, Cuba - e de como todas estas vozes de culturas múltiplas articularam-se para juntas construírem um realismo fantástico que nos conta sobre realidades brutais.

PABLITO

YORK

ANCIAL 11

ESPECTADOR, DOMINGO

Panfleto paramilitar "advirtió" del derrumbe que mató varios activista

Los líderes comunitarios sepultados se oponían a la explotación petrolera de la americana Progress Oil en el Putumayo.

"¿Estamos bien?" Se preguntan uno a uno los vecinos al reconocer sus caras en la que alguna vez fue la vereda San Martín en Puerto Asís y que ahora está cubierta de inmensas piedras que aplastaron viviendas completas y sepultaron más de 200 vidas. La respuesta enuncia entonces la larga lista de quienes fallecieron: Pablo, Lucía, el hijo de Andrés, las gemelas de la esquina, el tendero, Anita, doña Inés (que organizaba hasta las novenas de Navidad) y otros cientos más. Jeison Aguirre

"Progress Oil

A unos 10 minutos más de cam en medio del nuevo cauce quebrada Taruca (que camb curso con la tragedia), un rescatistas del Ejército y varios c mueven estratégicamente las pie del afluente para evitar que el a obstruya las operaciones y exca con prisa buscando a Rudy, mujer de 18 años, quien estaba en tienda del barrio junto con su pa cuando la avalancha la sepultó. logró salir con vida y, como pu indicó el punto en donde vio última vez a su hija que le gritab no la dejara morir.

En medio del

05 | Diario del Puerto — PUERTO ASÍS

Trajedia en San Martín, Putumayo

Tras el derrumbe, aún sigue líder comunitario desaparecido

Adam Baqueira se encontraba en reunión con otros lideres comunitarios, cuando los sepultó el derrumbe.

"¿Estamos bien?" Se preguntan uno a uno los vecinos al reconocer sus caras en la que alguna vez fue la vereda San Martín en Puerto Asís y que ahora está cubierta de inmensas piedras que aplastaron viviendas completas y sepultaron más de 200 vidas. La respuesta enuncia entonces la larga lista de quienes fallecieron: Pablo, Lucía, el hijo de Andrés, las gemelas de la esquina, el tendero, Anita, doña Inés (que organizaba hasta las novenas de Navidad) y otros cientos más. Jeison Aguirre les sonríe a todos mientras recorre las calles que se desdibujaron con la avalancha del viernes, salta con cuidado las rocas para no quedar atrapado en el barro y señala el lugar donde levantó a pulso una casa de

A unos 10 minutos más de caminata y del nuevo cauce de la quebrada Taruca (que cambió su curso con la tragedia), unos 15 rescatistas del Ejército y varios civiles mueven estratégicamente las piedras del afluente para evitar que el agua obstruya las operaciones y excavan con prisa buscando a Rudy, una mujer de 18 años, quien estaba en la tienda del barrio junto con su papá cuando la avalancha la sepultó. Él logró salir con vida y, como pudo, indicó el punto en donde vio por última vez a su hija que le gritaba que no la dejara morir.

En medio del llanto sus vecinos, entre ellos Jeison, tratan de consolarlo. Sus

...ia Aires, desaparecido en el derrumbe.

Oil Progress niega haber pagado a paramilitares

Las reiteradas denuncias de las comunidades indígenas del Resguardo Siona de Buenavista, en Putumayo, que desde hace varios años viene asegurando que la subsistencia de su pueblo se encuentra en peligro por las constantes violaciones a los derechos humanos, lograron que del próximo 17 al 24 de junio se desarrolle la I Misión interinstitucional de Verificación de Graves Violaciones a DDHH y DIH ocurridas contra su población.

Factores como el conflicto armado, el paramilitarismo, la falta de presencia estatal y la amenaza extractivista por parte de la empresa petrolera Amerisur han hecho que en pocos años la población de la comunidad ZioBain se haya

REPÚBLICA DE COLOMBIA
CÉDULA DE EXTRANJERÍA
RESIDENTE No. 5634674
APELLIDOS: BAQUEIRA AIRES
NOMBRES: ADAM
NACIONALIDAD: BRA
FECHA DE NACIMIENTO: 08/07/1967
SEXO: M
RH: O+
F. EXPEDICIÓN: 13/10/2009
VENCE: 13/09/2011
FIRMA

L421 08<<<1<<<<<<<<
39M190 276ESP
BAQUEIRA

MUERTE
ADAM BAQUEIRA, ALF
LO, FERNANDA PERDOMO
coordinando la campaña de tie
RÁ PIEDRA SOBRE PIEDRA
N SENTENCIADOS LES DAMOS
BANDONEN SAN MARTÍN
ATENTAMENTE

REPÚBLICA FEDERATIVA DO BRASIL
ESTADO DO ESPÍRITO SANTO
SECRETARIA DE ESTADO DE SEGURANÇA PÚBLICA
POLÍCIA CIVIL
SPTC / DEPARTAMENTO DE IDENTIFICAÇÃO
CARTEIRA DE IDENTIDADE
BAQUEIRA SOL
PRIA AIRES MELO
23/04/1988
NTO - CARTORIO: 1
RC: A-122 ITABU
55
AUTODEFENSAS PARTICULARES DE COLOM
A TODAS LAS MUJERES DE LOS LÍDERES COMUNALES
YA LES LLEGÓ LA HORA, LAS TENEMOS IDENTIFICADAS, AMPA
GÓMEZ Y CARMEN FERNÁNDEZ, AYUDANDO A LOS HPS
GUERRILLEROS DESTRUYENDO LA SOCIEDAD, ACABANDO CON
LOS VERDADEROS LÍDERES DE ESE DEPARTAMENTO QUE ES
GENTE DE BIEN, SE LES ACABO EL DISCURSO COMUNISTA... DEL
TRABAJO CAMUFLADO POR ORGANIZACIONES APOYADAS POR LA
GUERRILLA Y DE GOBIERNOS COMUNISTAS, FUERA DE UNA VEZ
POR TODAS O LAS LIQUIDAMOS Y LAS DESAPARECEMOS CON
TODO Y SUS FAMILIAS
Les daremos el plazo de un mes para que desaparezcan de esta
descuartizadas y no habrá ni fosas comunes con más tierra
para que sepan que no estamos juga
seran
maridos
COLOMBIA SIN GU
VIVA! VIV
EL ACTUAL
NOTICIAS DE PUTUMAYO Y EL MUNDO
MAYO 23 DE 2016 AÑO 8 No.2.588 ▪ 24 PAGINAS
Pág. 3
Trajedia en San Martín
A LA ESCUELA SE LA TRAGÓ LA TIERRA
Exploración petrolera desencadenó un derrumbe sobre parte de la escuela
Cristina Serrano en zona rural de San Martín, hay 5 desaparecidos.
41 años de cárcel
LARGA 'CA
ACUCHIL
SU ESP
Pág.
'Agarrón' en Conce
"NO SO
UNA COA
DE ESTÓ
Trem
FUGA DE
ATE
Denuncia

Cinema Estreia

Beatriz Se
fantasma
história d

a que fica parte do ano
filme, baseada no rela

Carlos Merten

aría Paula Tabares Peña e Enrique Díaz em cena de 'Los Silencios', de Beatriz Seigner Divulgação

'ilme belo e rigoroso recusa a clareza em história ama

NEMA
Silencios
★★★
il, 2018. Direção: Beatriz
ner. Elenco: Beatriz
ner. 12 anos. Em cartaz

io Araujo

riz Seigner entrou para o
do dos longas de modo
nal: na raça levou três atri-
ara a Índia, para experi-
ar o "Bollywood Dream".
010, Bollywood estava
descoberta no Ocidente.
o propósito do filme,
aparência da busca de
lho na carreira de atriz,
distante dele. Tratava-
e buscar mundos des-
cidos, explorá-los re-
velá-los. Uma premissa do cinema tão antiga quanto os irmãos Lumière.

Em "Los Silencios" o propósito é o mesmo, ainda que desta vez com produção mais alentada, mais segurança. Entre 2010 e 2018, a diretora obviamente amadureceu. Desta vez ela nos remete a uma estranha região amazônica, fronteira entre Brasil, Colômbia e Peru. O local é uma ilha.

O que acontece ali? Existem tentativas de grandes companhias de comprar o local. Existem, também, contas a ser resolvidas entre os habitantes (inclusive a protagonista e sua família) com mortes ocorridas em um lugar de guerrilha na região.

Tudo isso é envolto pelo silêncio. Ele se manifesta de diversas formas: existe o momento tenso em que o menino, filho de Amparo, de repente aparece com a arma que pertenceu ao pai. Existem os vizinhos que não se entendem sobre que atitude tomar a respeito das propostas para a venda das casas (embora a maioria não deseje sair do lugar). Existe a nebulosa questão envolvendo esse lugar de três fronteiras, que recebe refugiados, mas que na verdade é uma espécie de não lugar.

A partir disso podemos observar o que permanece e o

Em "Bollywood", o filme prometia nos introduzir a um mundo desconhecido: a Índia, seu modo de produção cinematográfica, o próprio país. Suas heroínas, no entanto, conheceram tanto da Índia (e de Bollywood) quanto um turista curioso. A Índia revelava-se apenas no enorme mistério que representa ainda hoje para nós do Ocidente.

Em "Los Silencios" chegamos mais perto, o que faz com que o desconhecido se adense. Quantos de nós conhecem de fato a região amazônica? O terreno em que se erguem aquelas casas, que um dia es-

mento antropológico. Amparo talvez não tenha esse nome por acaso. Ela precisa proteger os filhos, órfãos de pai. O fantasma desse homem, Adão, irrompe sem nenhuma cerimônia (no que lembra um filme de Apichatpong Weerasethakul). Ora é figura tutelar, ora amorosa, ou mesmo ameaçadora (seu passado de guerrilheiro é uma ameaça).

Ao mesmo tempo, Amparo se empenha com advogados para obter uma indenização "da companhia" (qual companhia? Afinal ele era guerrilheiro ou não? Onde esses

E
lenc
solu
que
que
mais
vers
cidas
mesr
ve co
e ang
ro e s
neste
Esse
beleza
ner n
ção d
nham

CONTEÚDO

ner e seus
nriquecem
Los Silencios'

sa abriga a trama de desaparecimento
diretora ouviu de uma amiga

nesta quinta, 11. O fil-
num na região de fron-
squisar locações, Bea-
a ilha submersa.
ano, as

sonância política, acompanhando a história da mulher que cria o casal de filhos." O marido e outra filha talvez estejam mortos, mas os corpos nunca foram encontrados e ela tenta conseguir asilo no Brasil. "Fui impregnada pela locação. Os habitantes da ilha acreditam em fantasmas. Acham que seus mortos circulam por ali, brincam com eles. Esse lugar perdido entre três fronteiras, entre terra e rio, tornou-se ideal para a história que transita entre realidade e imaginação."

Como já havia feito em *Bollywood Dream*, Beatriz mistura ... e documentário. "Só o ... dos por En-

Filmagem. A diretora e a garota María Paula Tabares Peña: atriz não profis

profissionais. Os demais atores pe... com a comunidade, e isso aj... veraci-

górico." A selva, a chuva, a água, tudo aproxima Beatriz de autores como Apichatpong Weerasethakul ou Tsai Ming-liang, que ... registro do

que cito os b tos. É muito res, sobre n ofereciam a fia, direção mulheres c

film society lincoln center

FILM SOCIETY OF LINCOLN CENTER
Los Silencios
Friday, February 8, 2019 6:30 PM
Walter Reade Theater
65th Street between Broadway & Amsterdam
99000001049886710645

TKT 1987145 ORD 1180948 $0.00 Comp-Flmkr

General Admission

Comp-Flmkr
CLTO
TKT1987145
ORD1180948
02/08/19
6:30 PM

CRÍTICA/CINEMA

"Los silencios"

Hábil conciliação de extremos

DANIEL SCHENKER segundocaderno@oglobo.com.br

Diretora: Beatriz Seigner
Onde: Estação NET Botafogo, às 21h30m.
Classificação: 12 anos.

A influência documental que atravessa "Los silencios" fica evidenciada por meio de diferentes procedimentos. Desponta nas informações referentes aos contextos sociais, econômicos e políticos. Entre elas, a que respeito aos conflitos armados que levam Amparo (Marleyda Soto) a se mudar, junto com os filhos, Nuria (María Paula Tabares Peña) e Fabio (Adolfo Savinvino), para a Ilha da Fantasia — na fronteira entre Brasil, Colômbia e Peru. Também são destacadas as condições de subsistência nessa região, considerando o empenho da protagonista para ser aceita, encontrar trabalho e garantir a sobrevivência, e a pressão para que a população venda as casas.

O documental também vem à tona nos rostos autênticos que passam pela qualidade decorrente ... bem-sucedido esforço ... apagamento dos ...

sensação de que não existe interpretação. Atriz que integrou o elenco do contundente "A terra e a sombra" (2015), dirigido por César Augusto Acevedo, Soto imprime admirável veracidade à jornada de Amparo, que, enquanto aguarda notícias sobre o marido, o líder comunitário Adão (Enrique Diaz), e uma filha — desaparecidos após uma denúncia —, se depara com dificuldades na relação com o filho. As cenas voltadas para os embates cotidianos entre os dois trazem oportuna dose de humor, mas assinalando o problema das escolhas que começam a ser feitas pelo garoto, cada vez mais rebelde. Como se não bastasse o sofrimento causado pelas ausências do marido e da filha, Amparo ainda é explorada pelo advogado ao reivindicar indenização pelas prováveis mortes dos parentes.

VIVOS E MORTOS CONVIVEM

Por outro lado, Beatriz Seigner, também responsável pelo roteiro ...

Na Ilha da Fantasia. Enrique Díaz e Marleyda Soto em cena do filme passado na região da tríplice fronteira entre Brasil, C

plateia faz essa identificação aos poucos, insinuada através de presenças quase silenciosas e tons fosforescentes, flagrantes nas roupas e nos rostos. A abordagem realista de person...

mo espaço concreto e, ao mesmo tempo, fantasmagórico. É símbolo da situação existencial de Amparo, pertencente a mais de um lugar. mas, a rigor ...

turnas. Seigner, conhecida pela realização de "Bollywood dream" (2010), desenvolve o percurso de Amparo ...

ca

ras, "Los Silencios" ... clareza ab... nos dizer ... smo opaco, ... rista nada ... que o uni... desconhe... tentes, ao ... que convi... materiais ... s. Ampa... o turistas ... o nós. ... le rigor e ... riz Seig... el gera... (estra...

AUTONOMIA LITERÁRIA

CONSELHO EDITORIAL
Cauê Ameni
Hugo Albuquerque
Manuela Beloni

CAPA
Lívia Donadeli

FOTOS
Juliana Vasconcelos

ROTEIRO & STORYBOARD
Beatriz Seigner

REVISÃO DE ROTEIRO
Marcia Ohlson

DIAGRAMAÇÃO
Denise Matsumoto

MIRÍADE FILMES e ENQUADRAMENTO PRODUÇÕES em coprodução com CINÉ-SUD PROMOTION e DÍAFRAGMA FÁBRICA DE PELÍCULAS apresentam Um filme de BEATRIZ SEIGNER com MARLEYDA SOTO, ENRIQUE DIAZ, MARIA PAULA TABARES PEÑA, ADOLFO SAVILVINO, ALBINA CHUÑA e ASTRID FERNANDA MARTINEZ Produzido por LEONARDO MECCHI e BEATRIZ SEIGNER Coproduzido por THIERRY LENOUVEL e DANIEL GARCIA Produtores Associados SIDNEY MEDINA, DENISE SEIGNEMARTIN, ANURAG KASHYAP e RAM DEVINENI Produção Executiva LEONARDO MECCHI Direção de Fotografia SOFIA OGGIONI Direção de Arte MARCELA GÓMEZ Figurino ANA MARÍA ACOSTA OSPINA Maquiagem MARI FIGUEIREDO Edição RENATA MARIA Supervisão de Edição JACQUES COMETS Desenho de Som GUSTAVO ZYSMAN, FERNANDO HENNA e DANIEL TURINI Mix JEAN-GUY VERAN Música Original NASCUY LINARES Microfonista RÚBEN VALDES Primeira Assistente de Direção YARA GUZMAN Segunda Assistente de Direção JULIA MEDEIROS Elenco CARLOS MEDINA e CATALINA RODRIGUEZ Stills JULIANA VASCONCELOS Desenho de Créditos JOAO DE ALMEIDA Assessoria de imprensa ANNA LUÍZA MULLER - PRIMEIRO PLANO

produção

coprodução

distribuição

apoio

Primeira edição, março de 2020
São Paulo, Brasil

Dados Internacionais de Catalogação na Publicação (CIP)
(eDOC BRASIL, Belo Horizonte/MG)

Seigner, Beatriz.
S459s Los silencios / Escrito e dirigido por Beatriz Seigner – São Paulo, SP: Autonomia Literária, 2019.
352 p.: 16 x 23 cm

ISBN 978-85-69536-58-1

1. Los silencios (filme). 2. Roteiros cinematográficos. I. Título.

CDD 791.4372

Elaborado por Maurício Amormino Júnior – CRB6/2422

FONTES Avenir & Helvetica Neue
PAPEL Avena80g/m²
TIRAGEM 300 exemplares